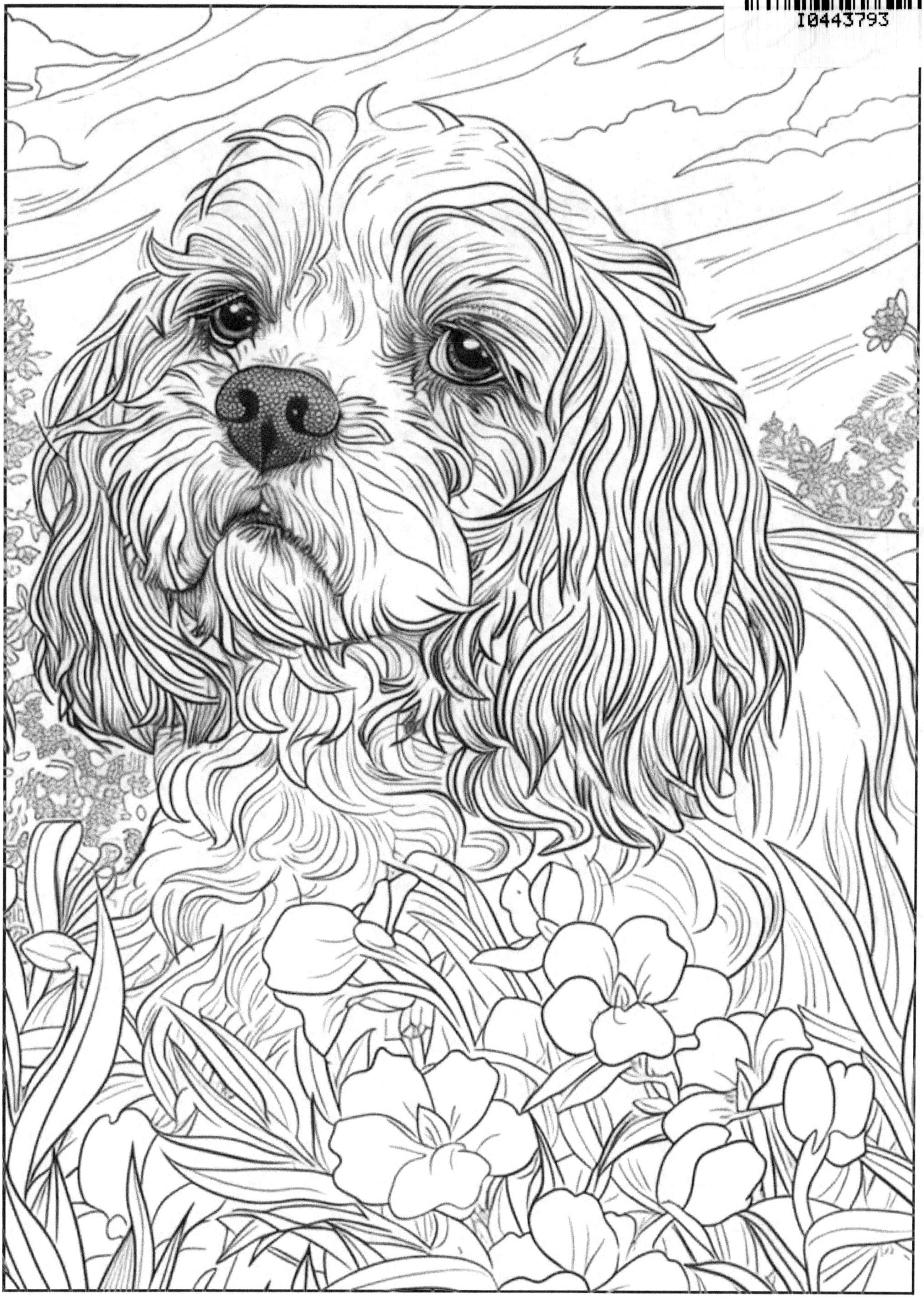

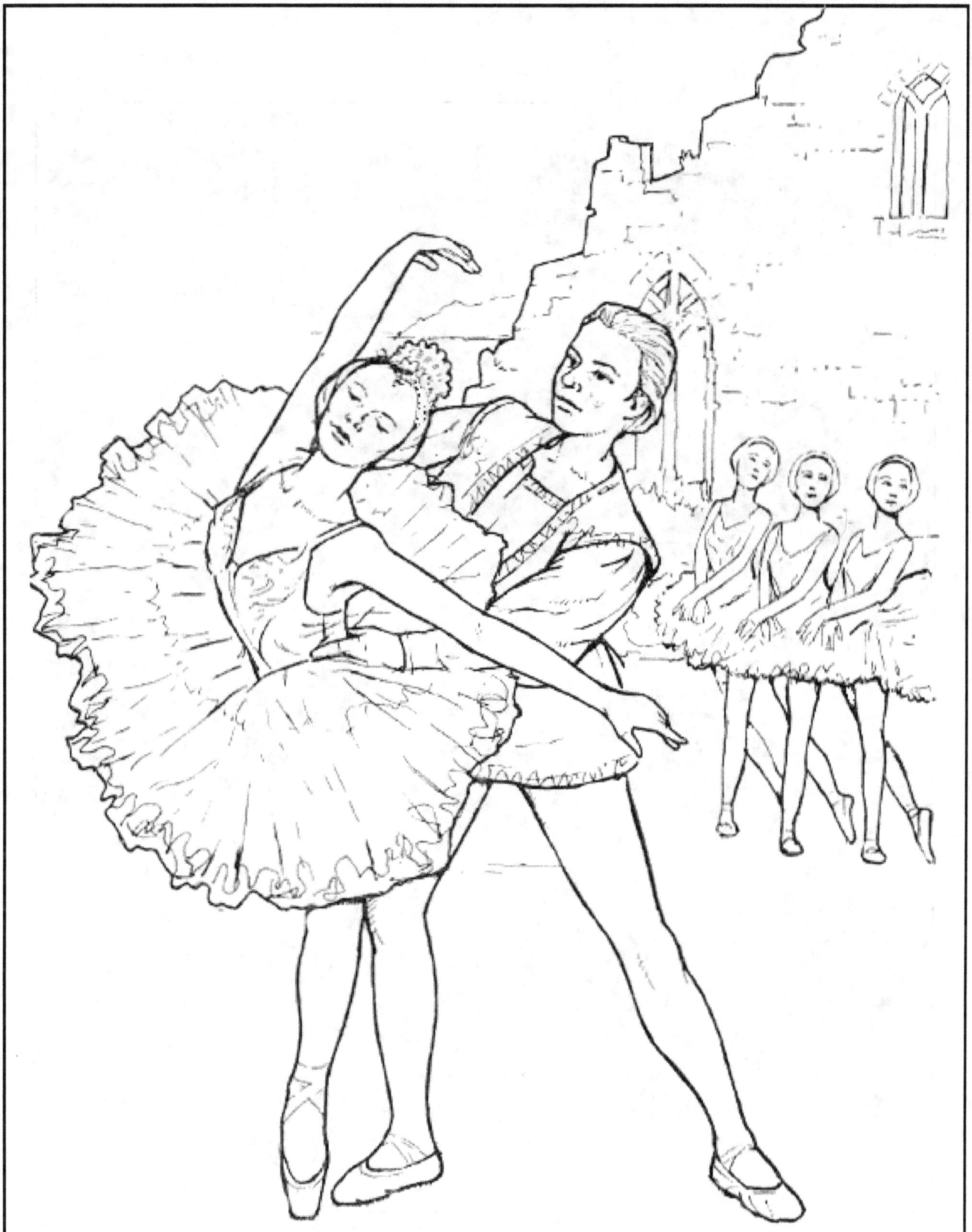

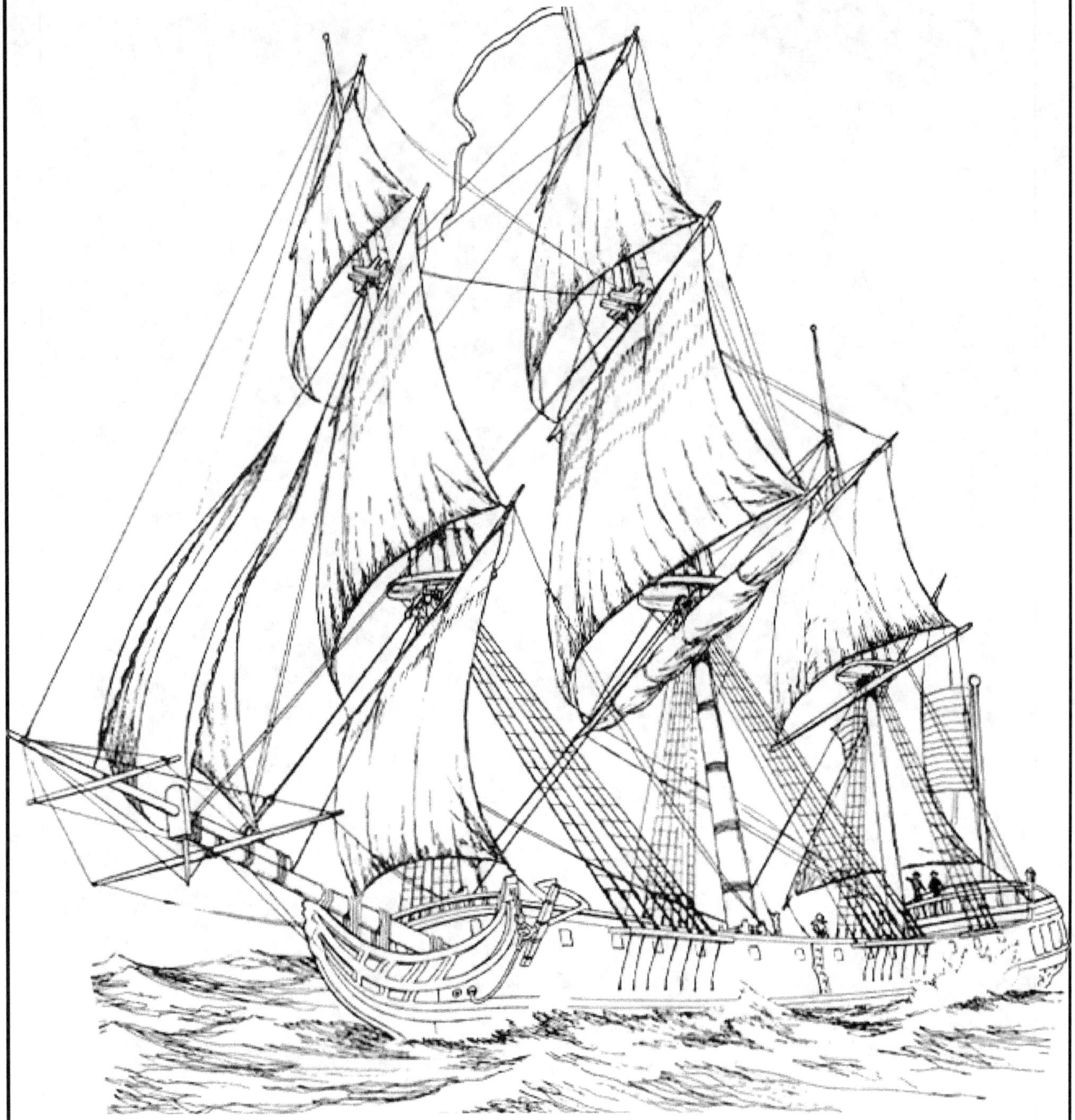

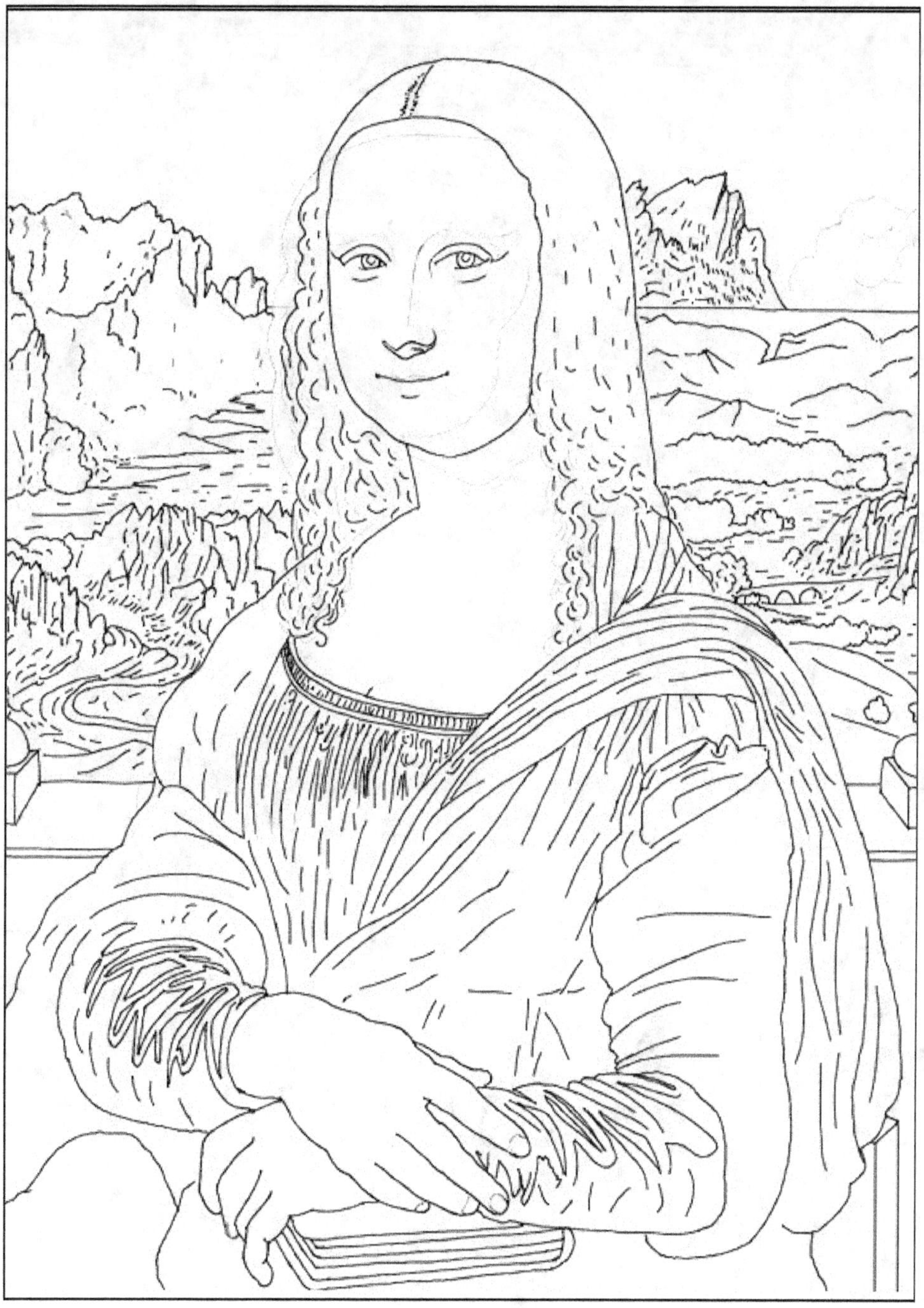

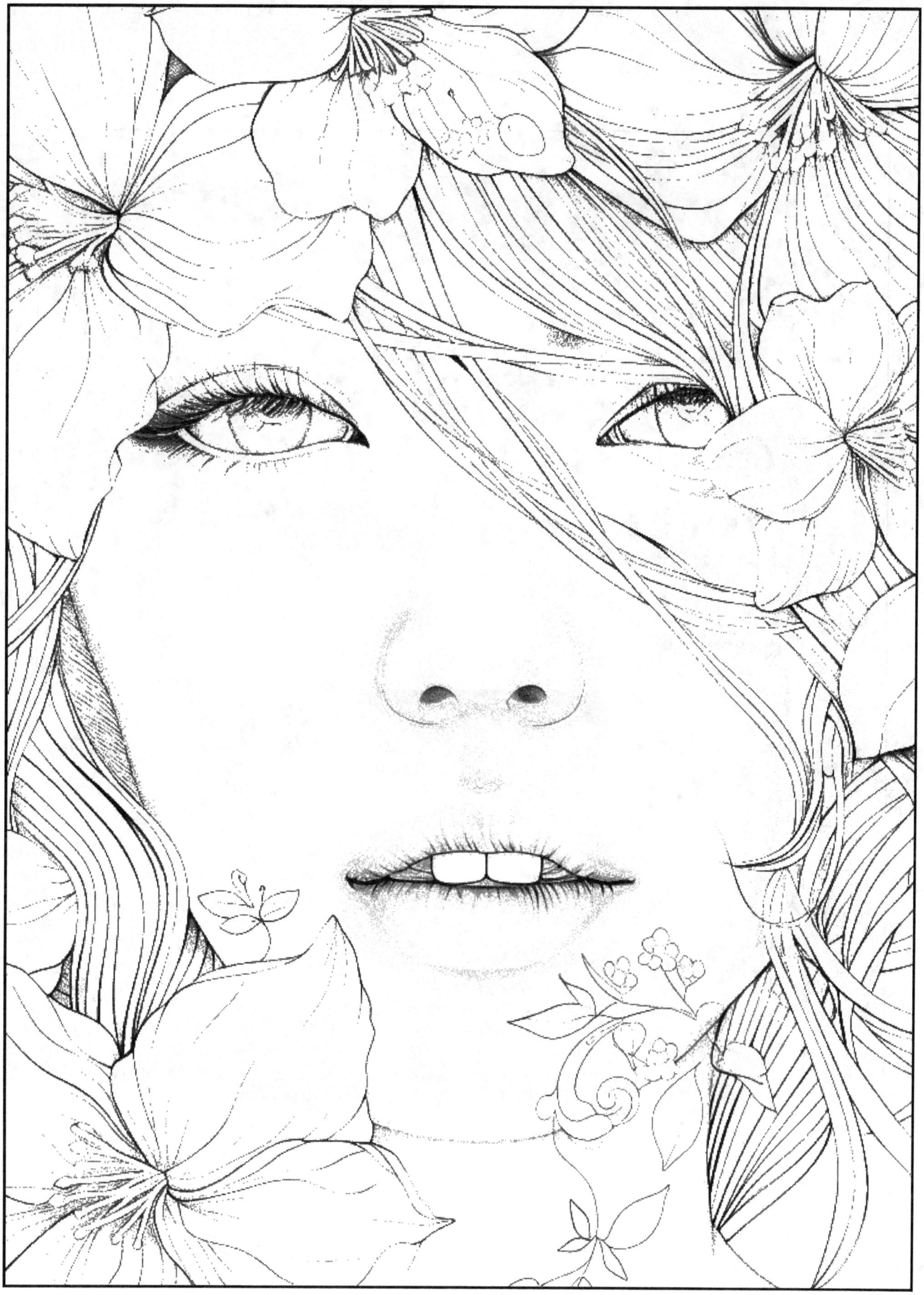

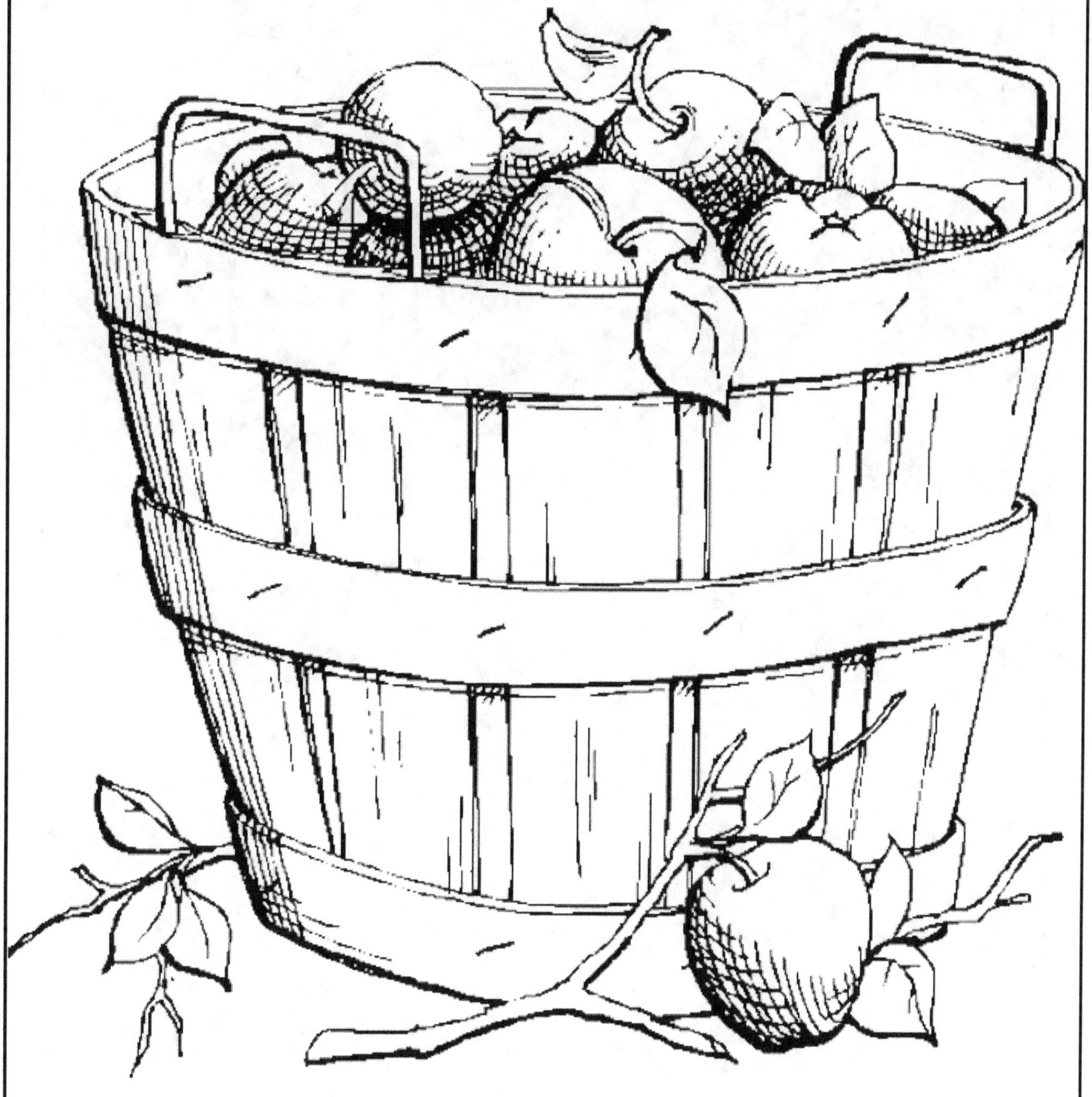

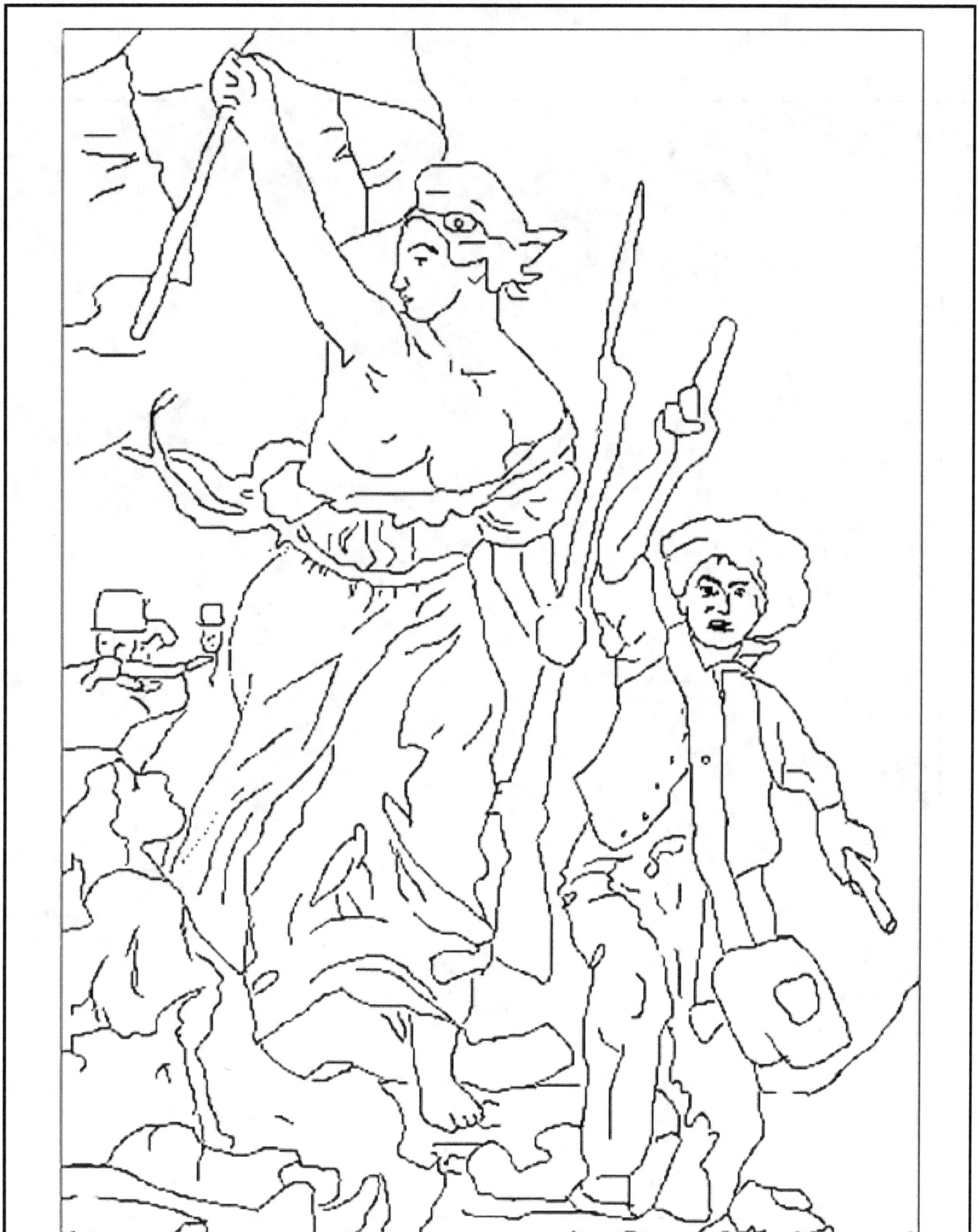

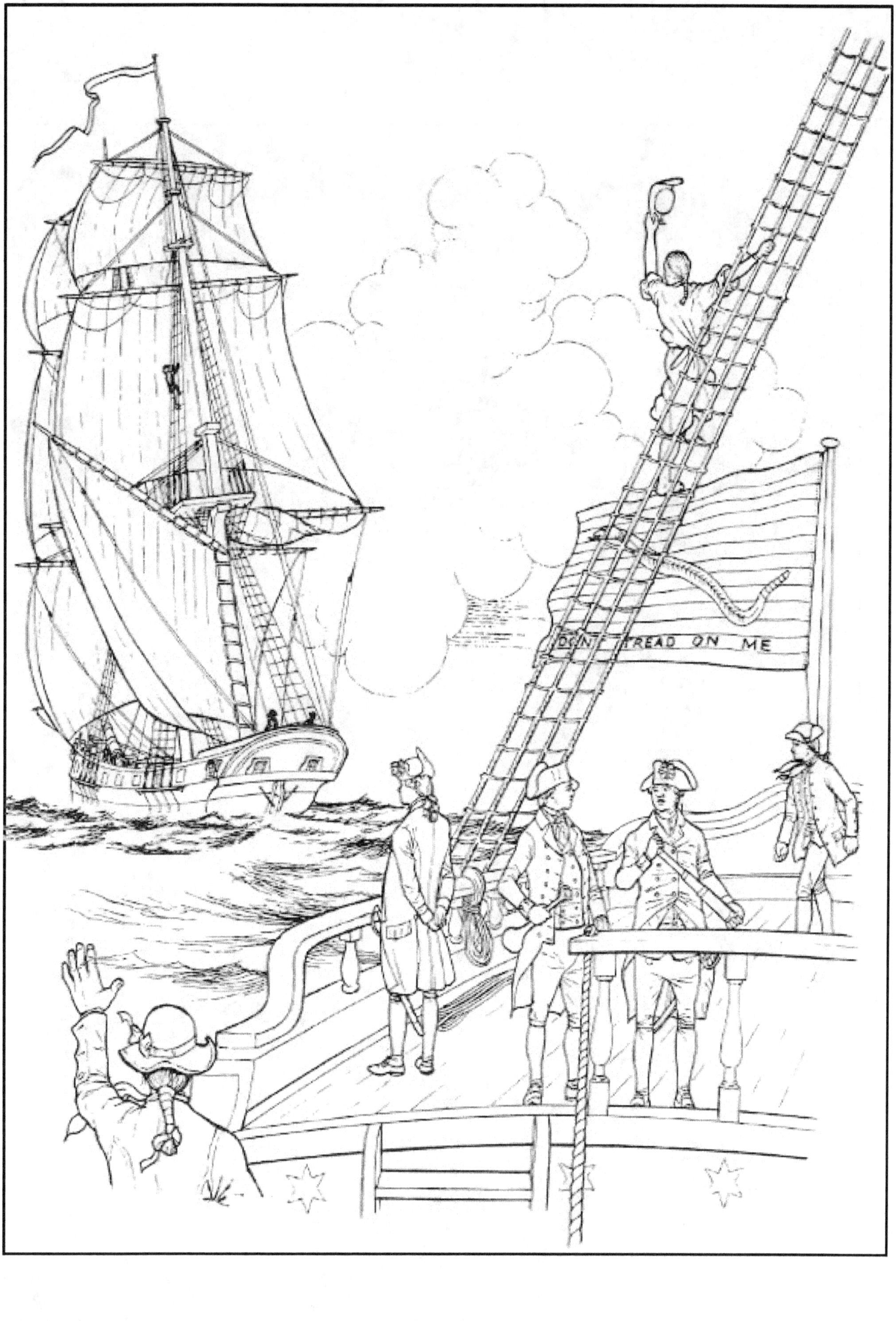
DONT TREAD ON ME

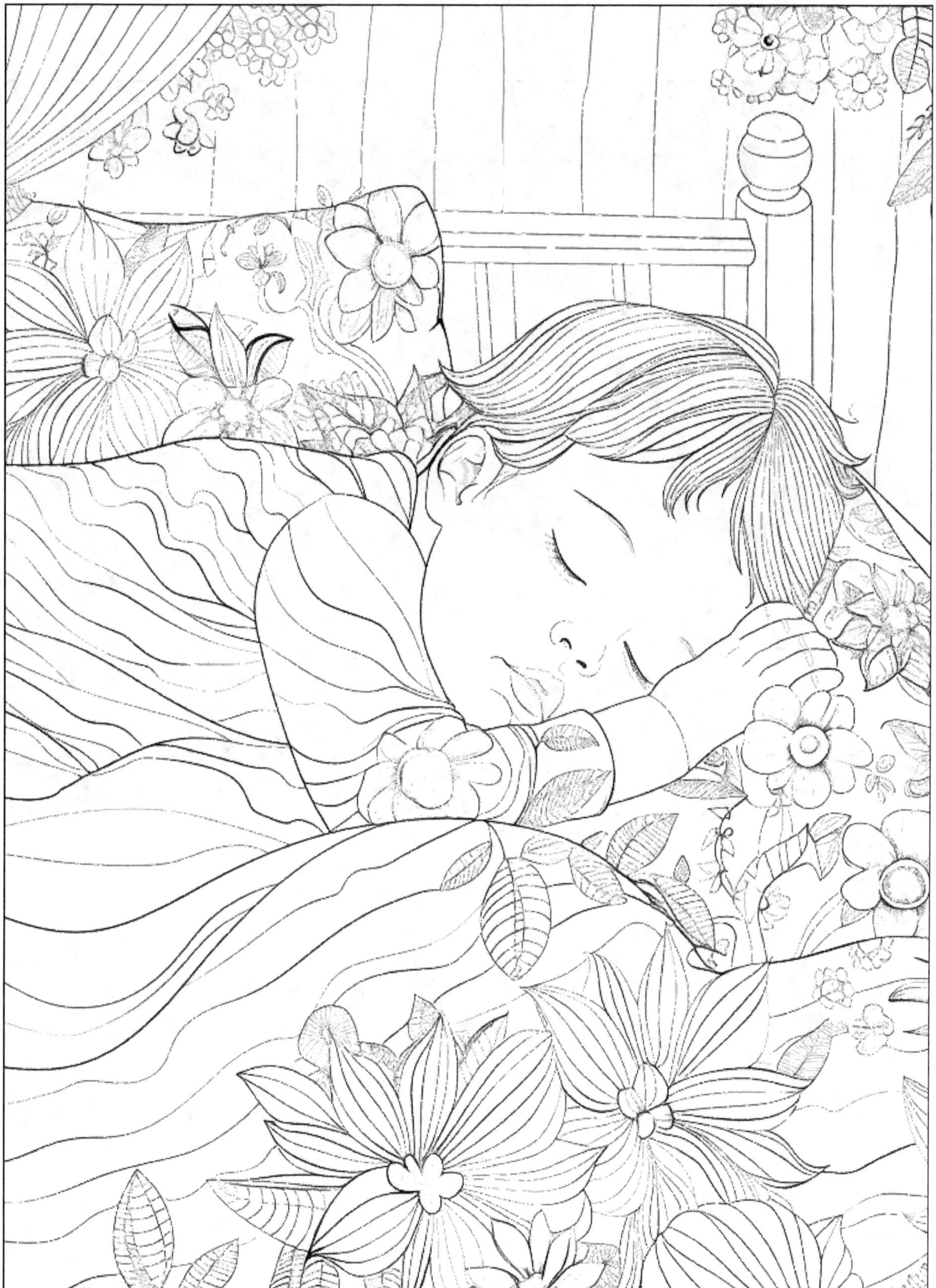

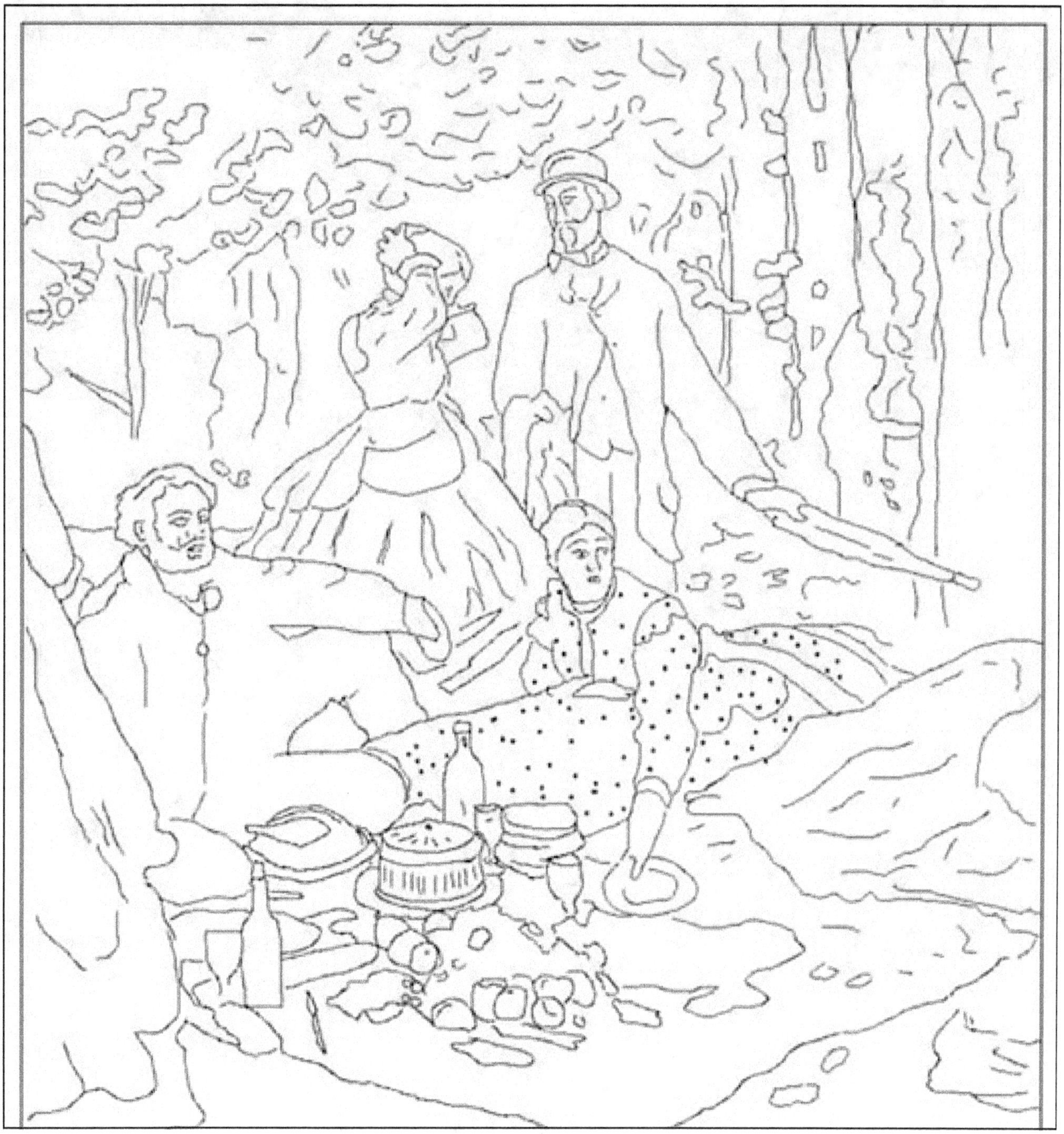

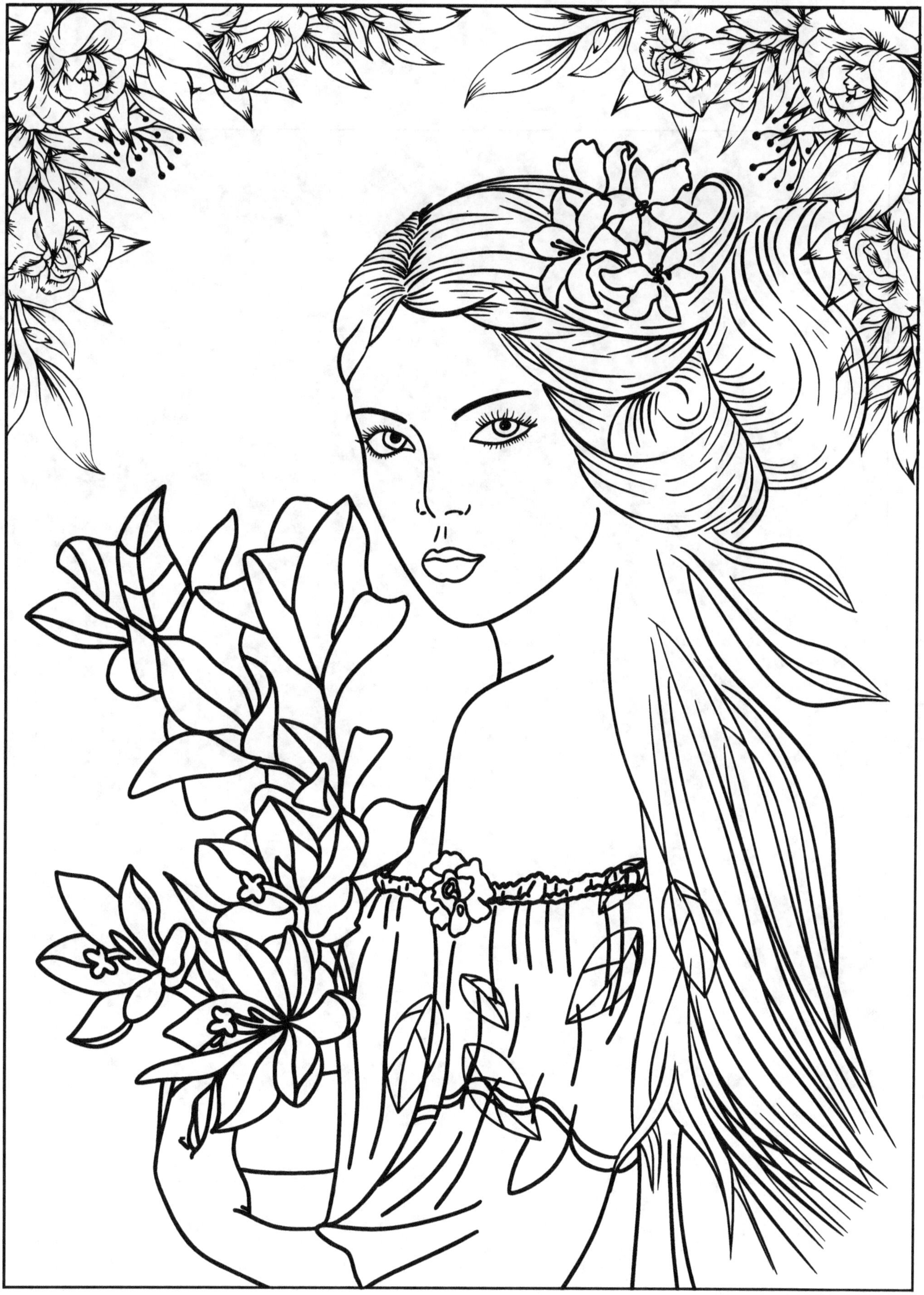

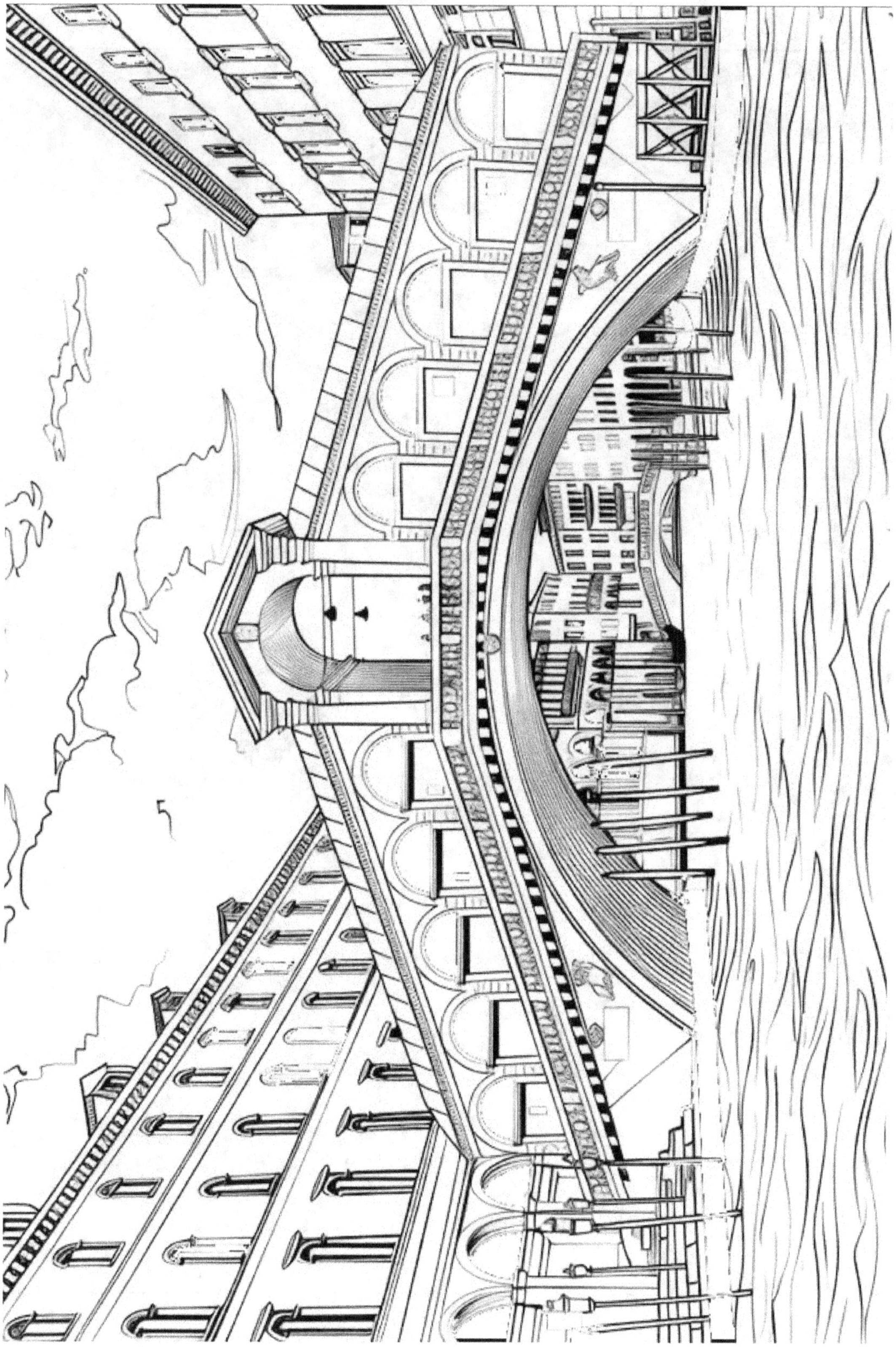

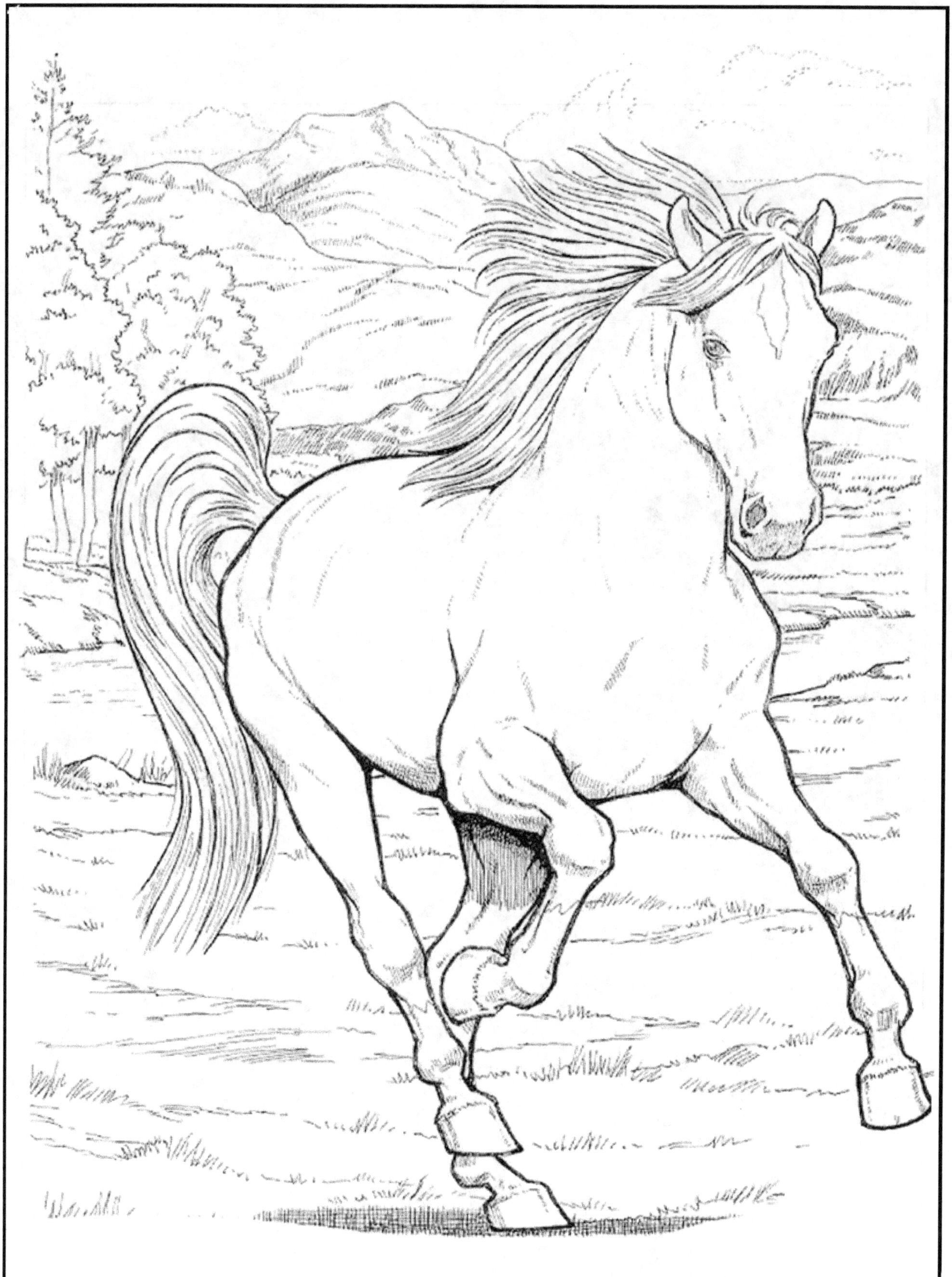

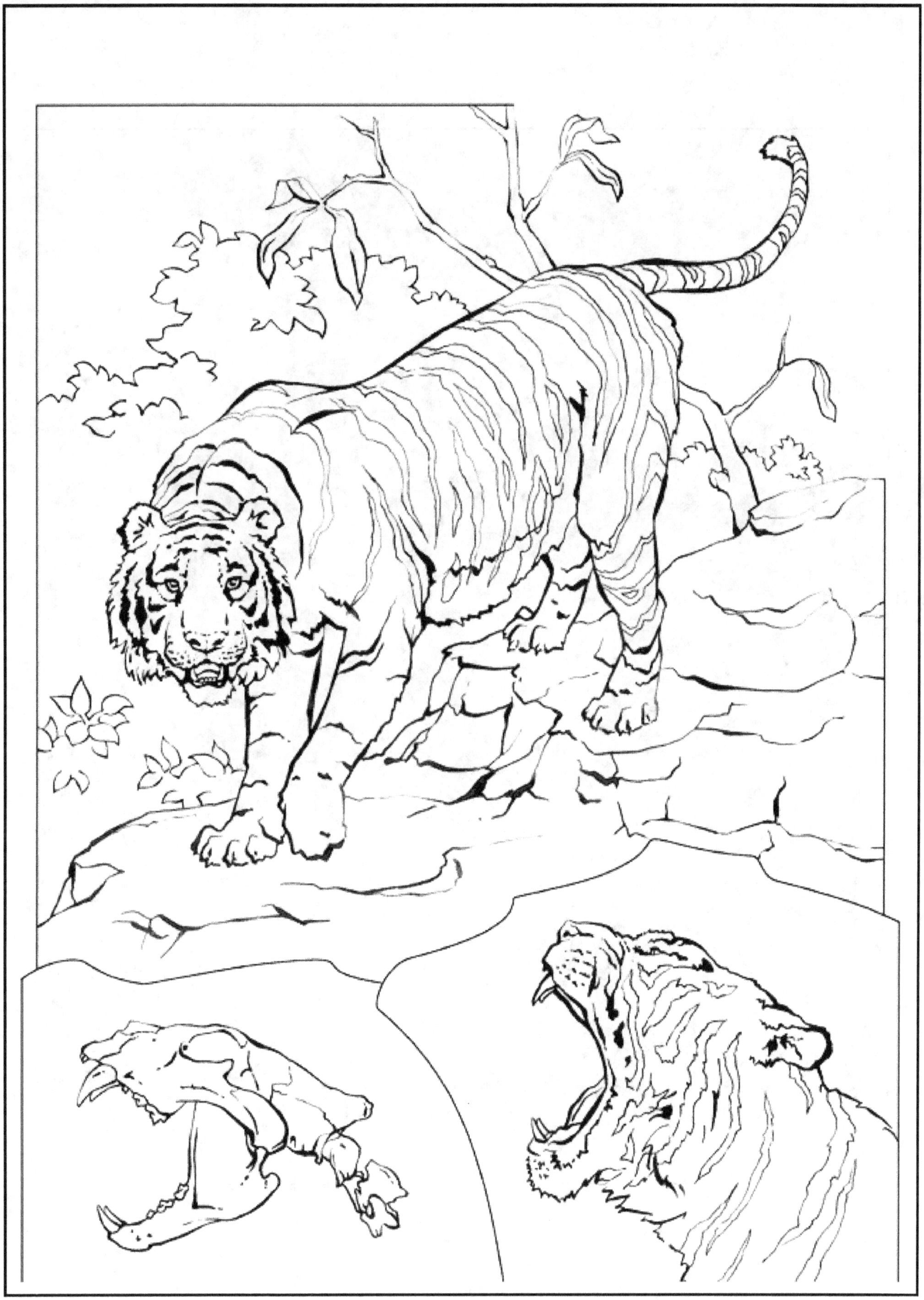

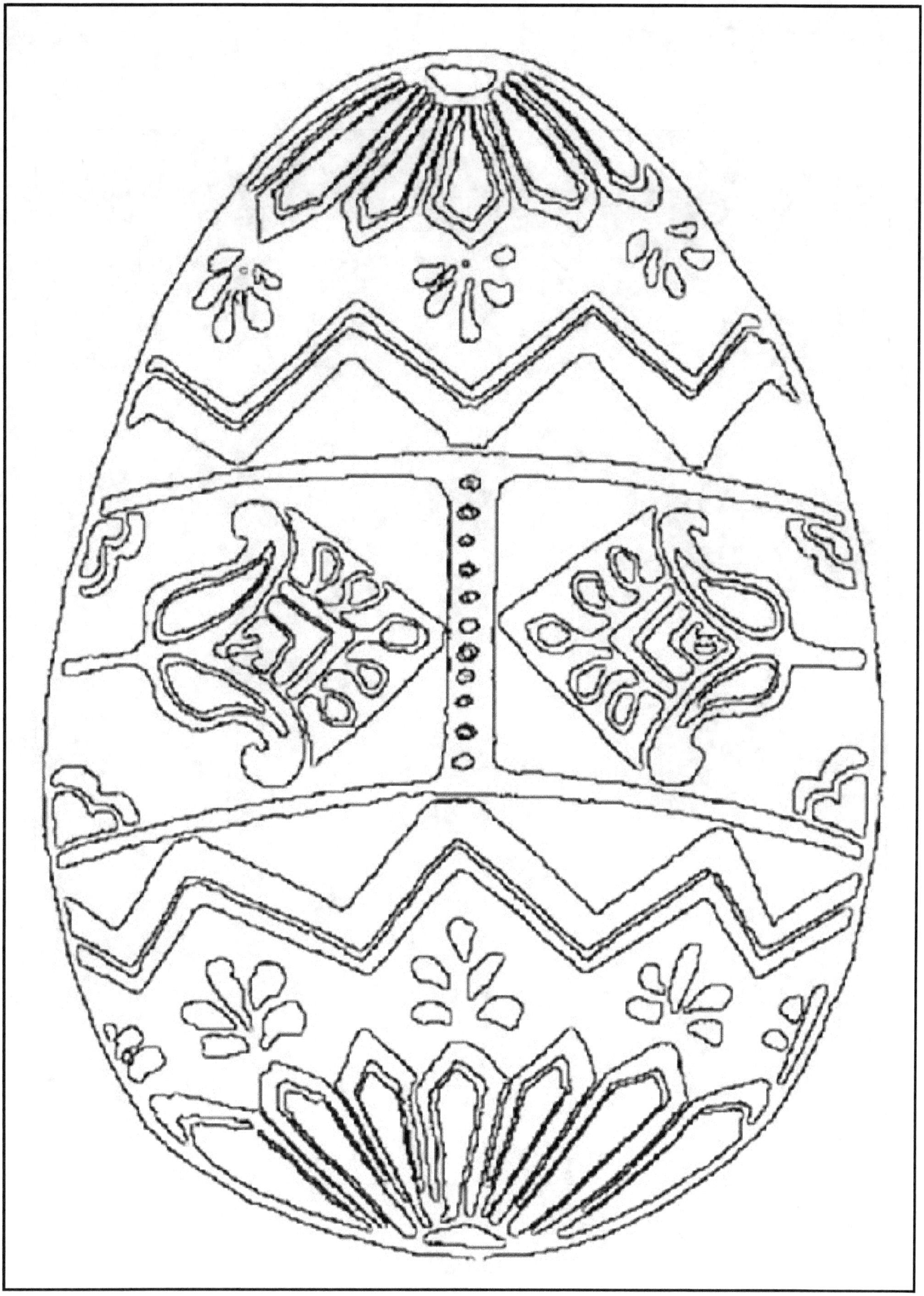

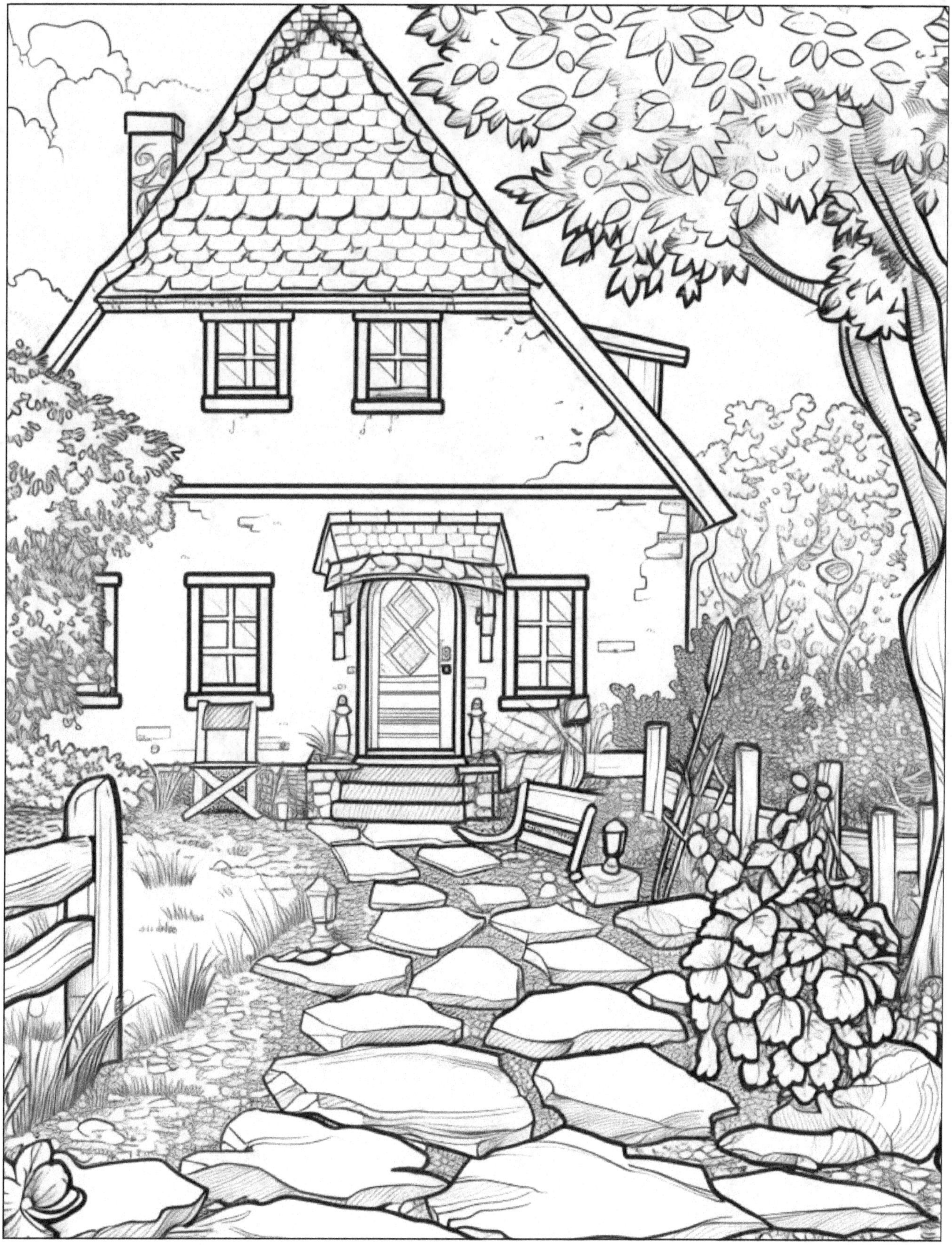

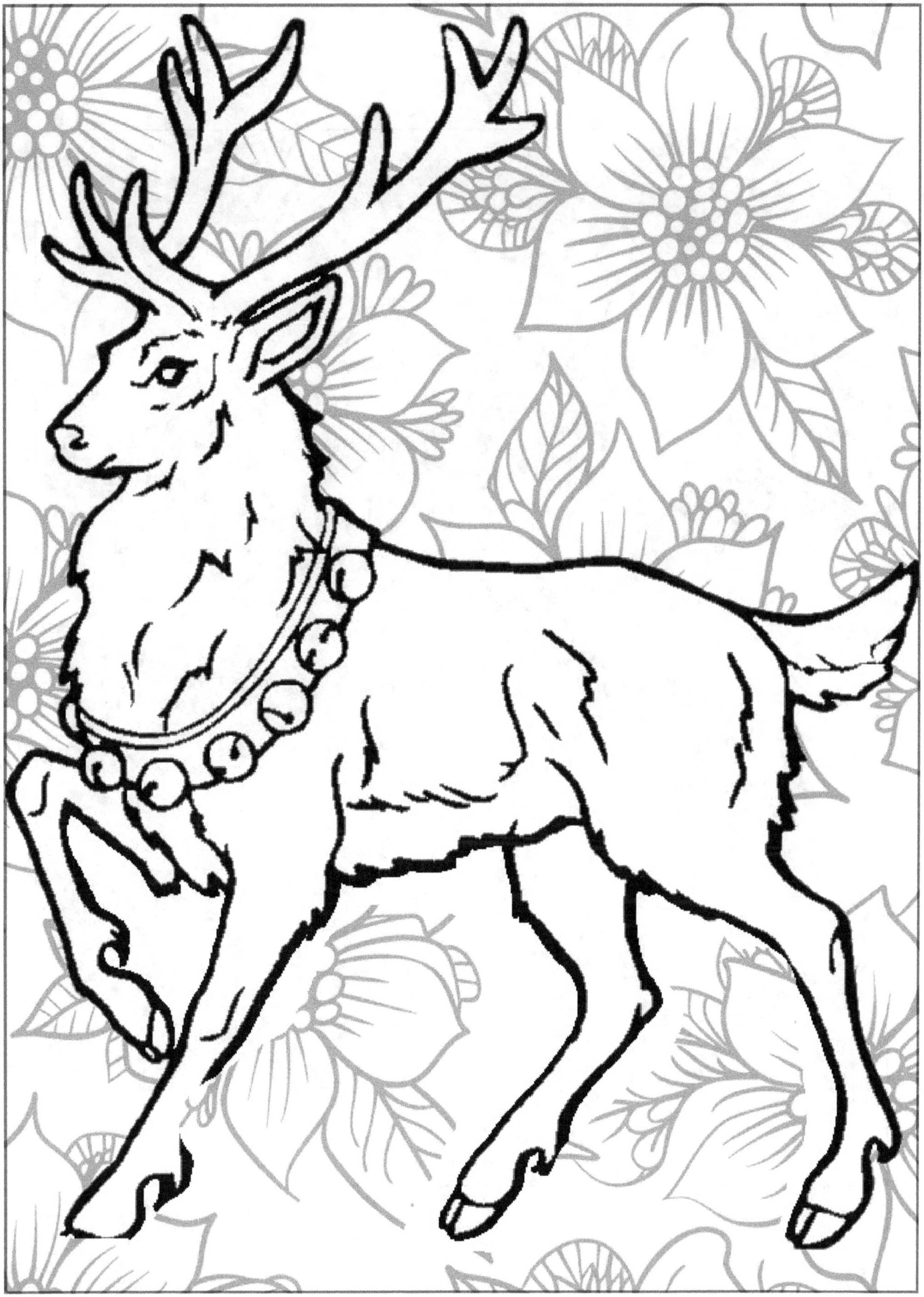

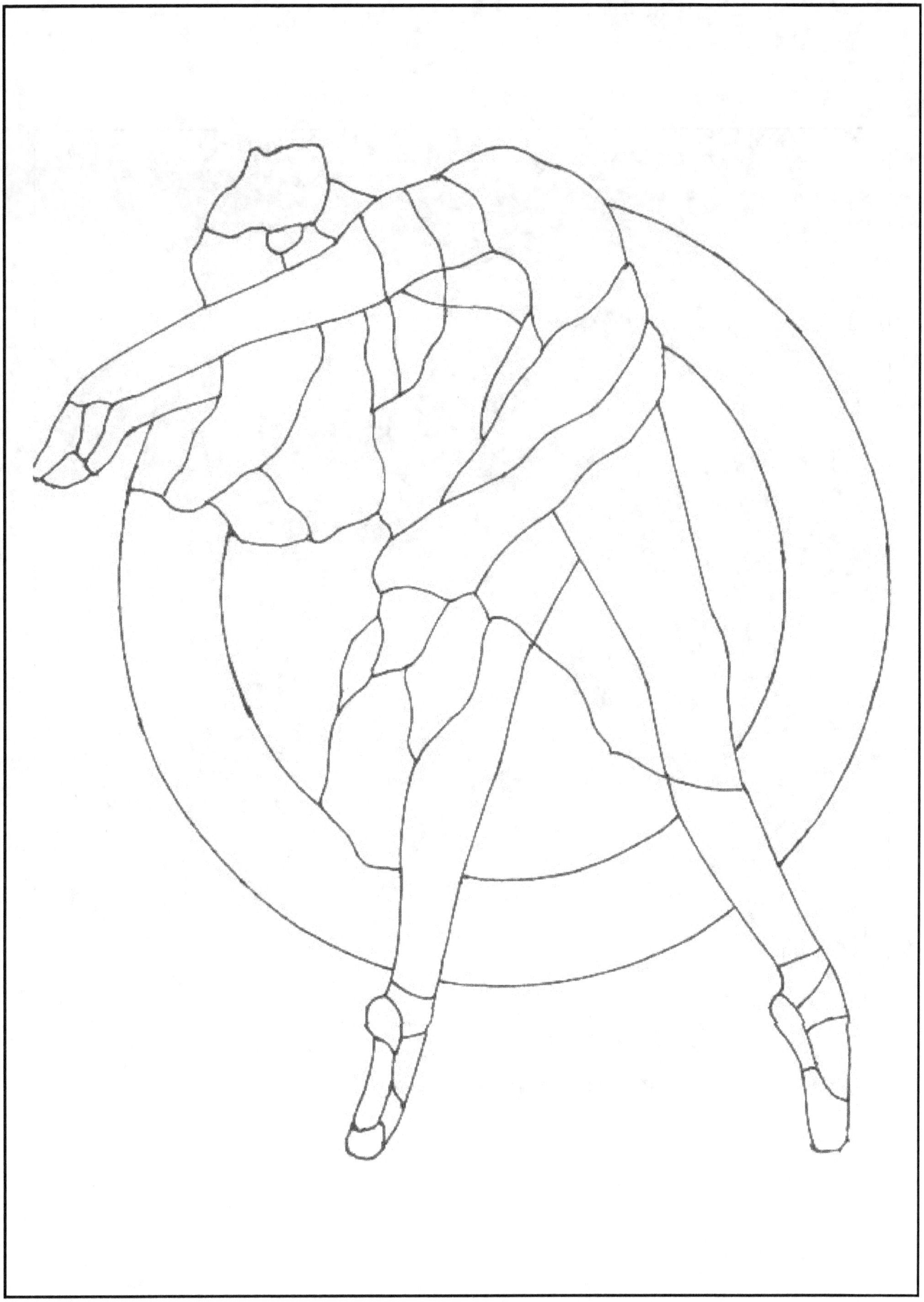

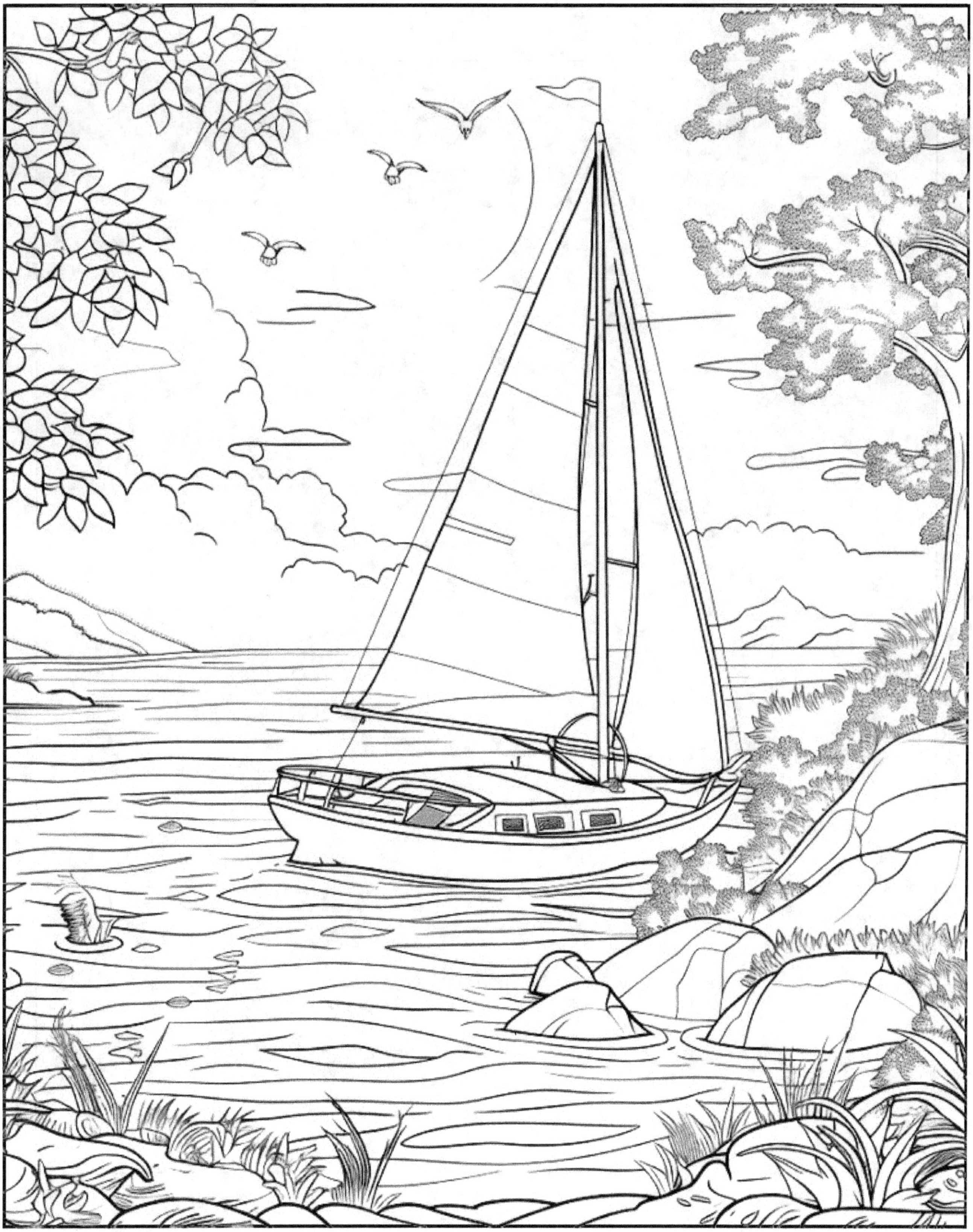

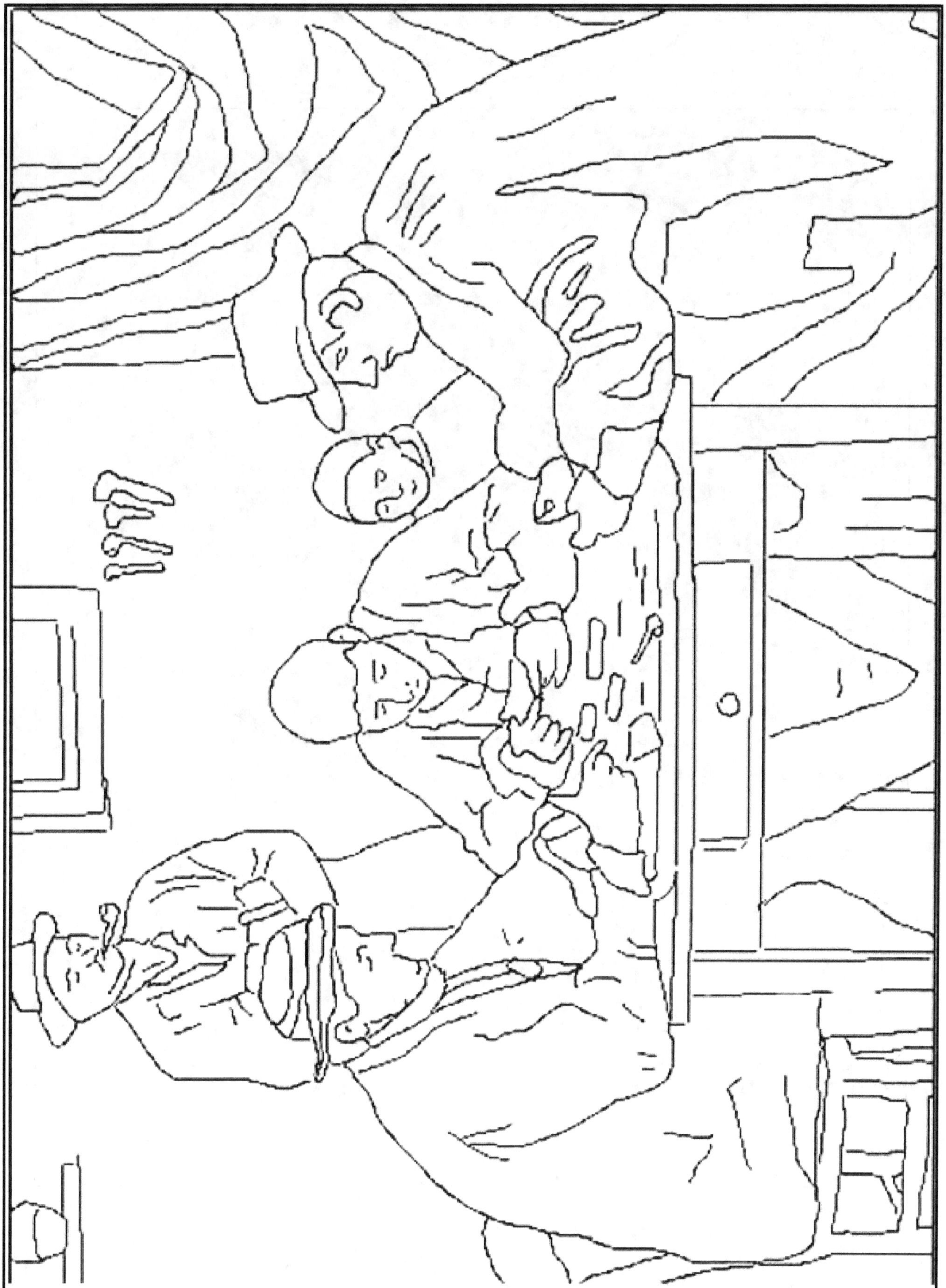

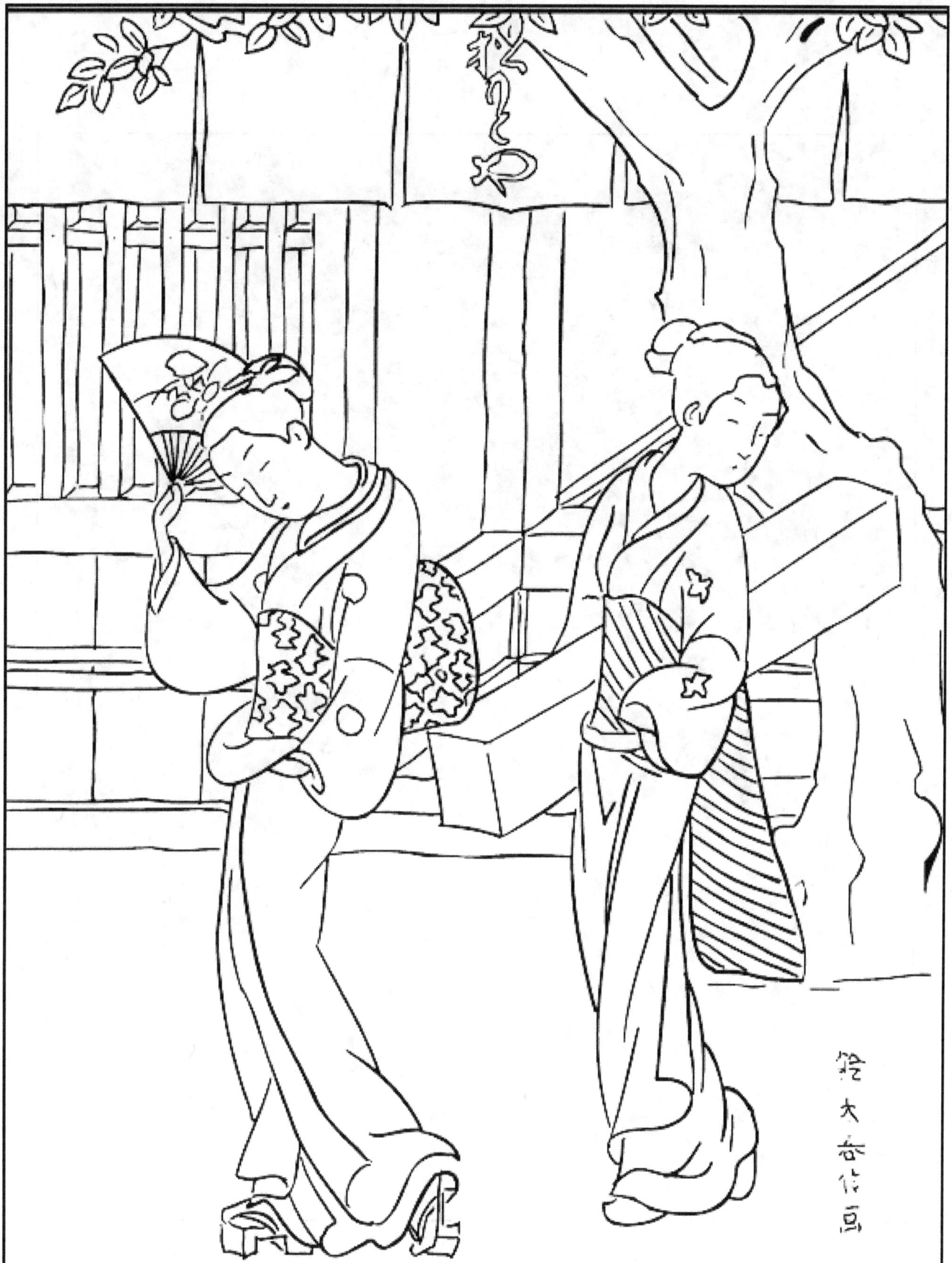

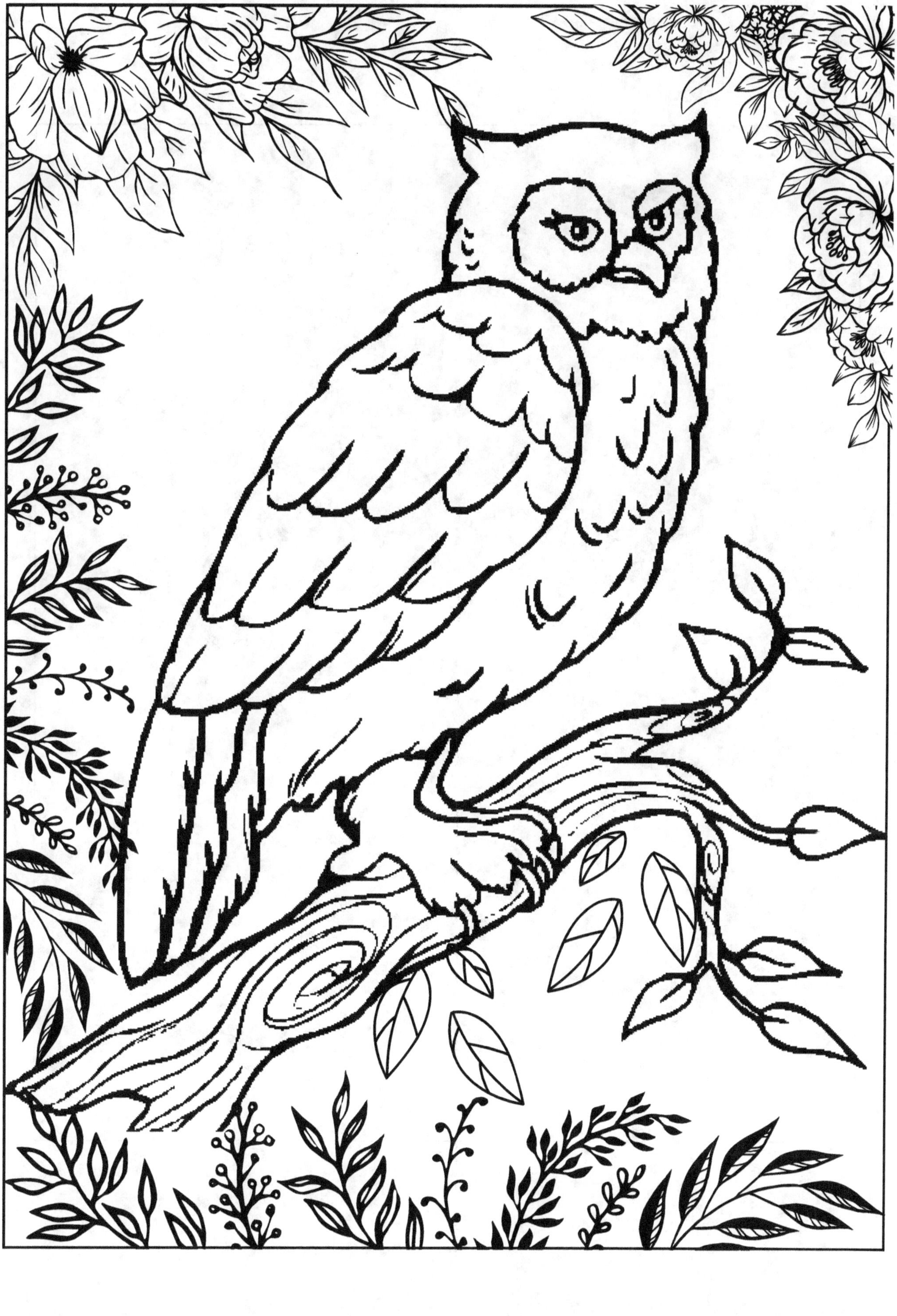

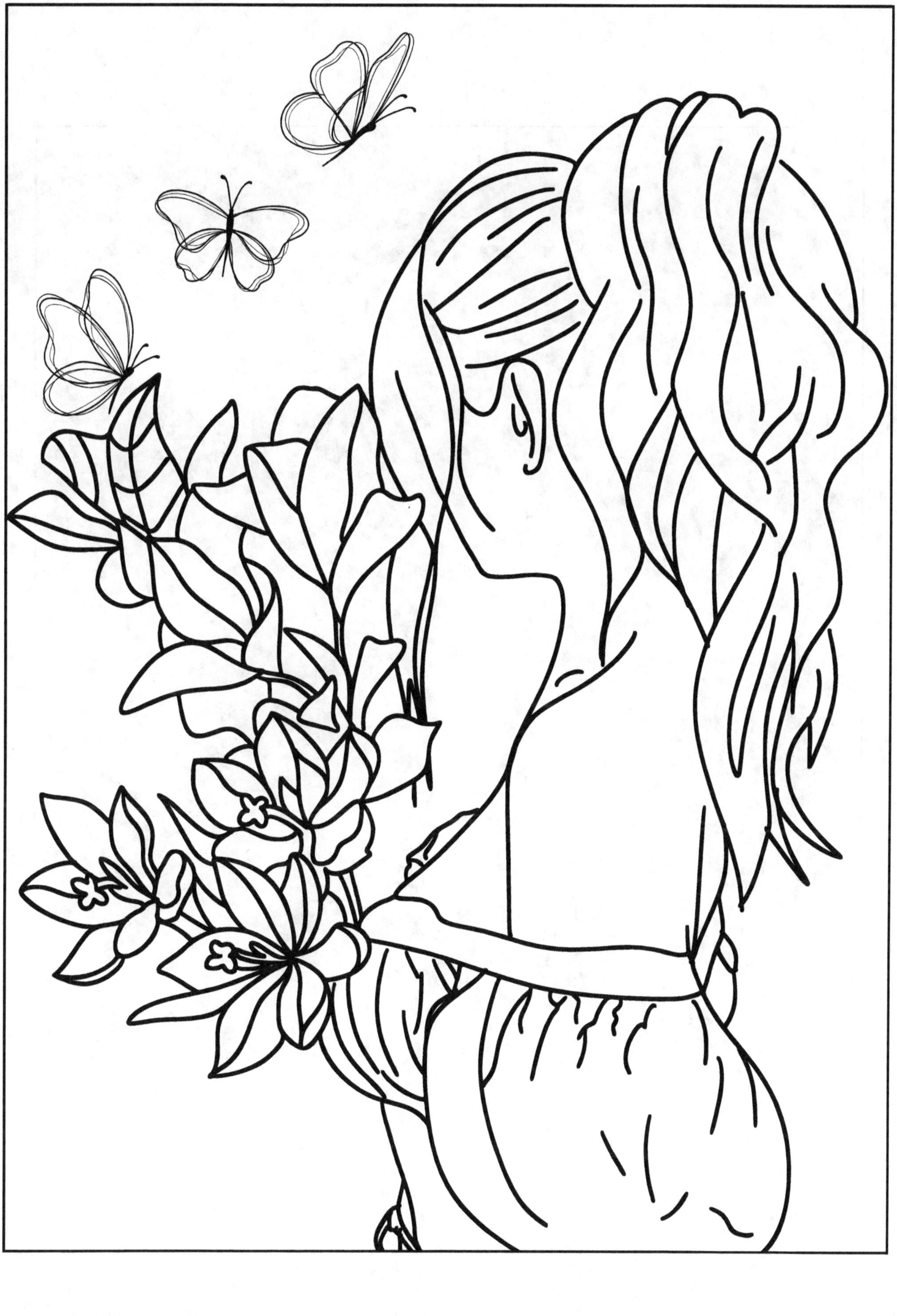

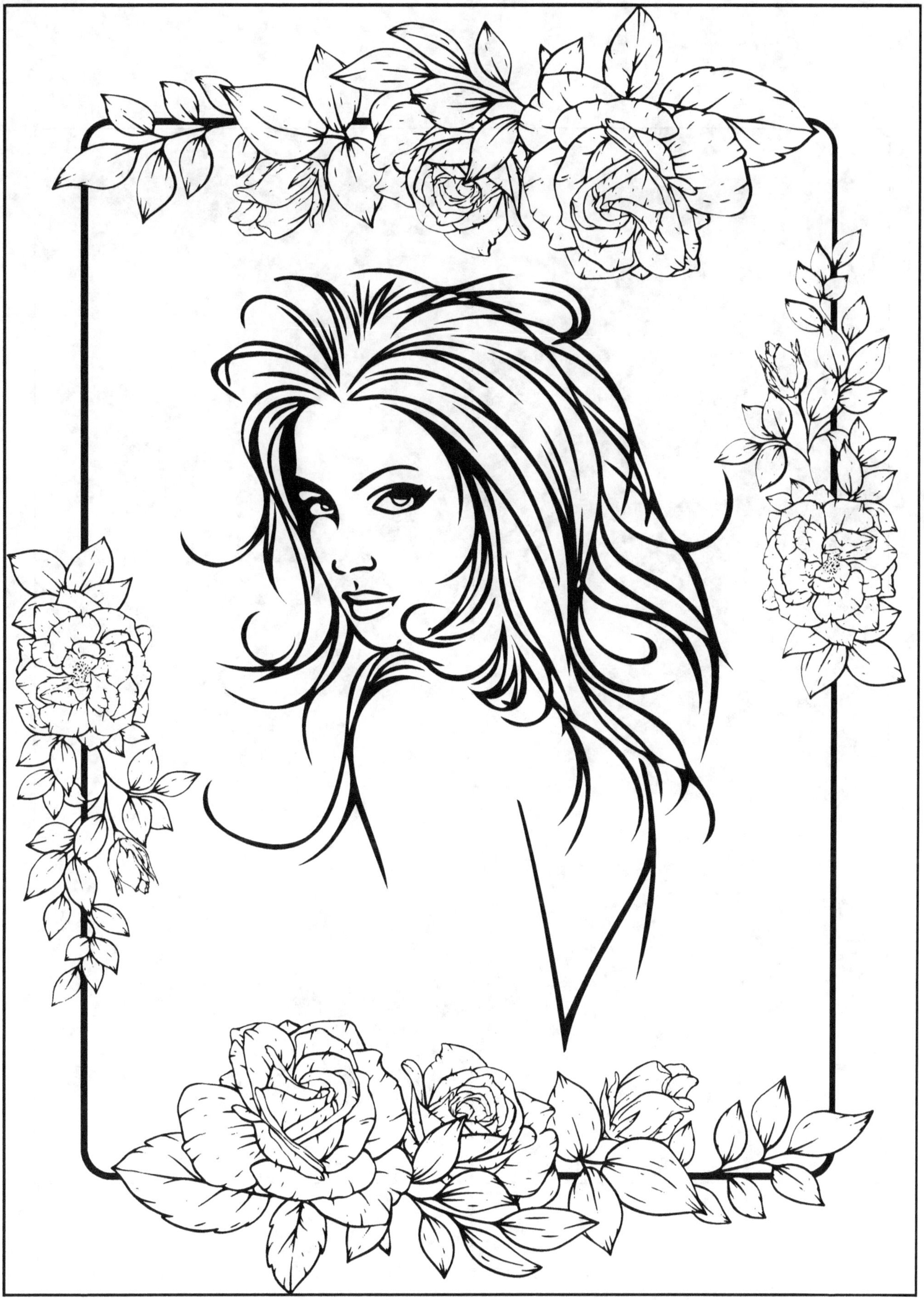

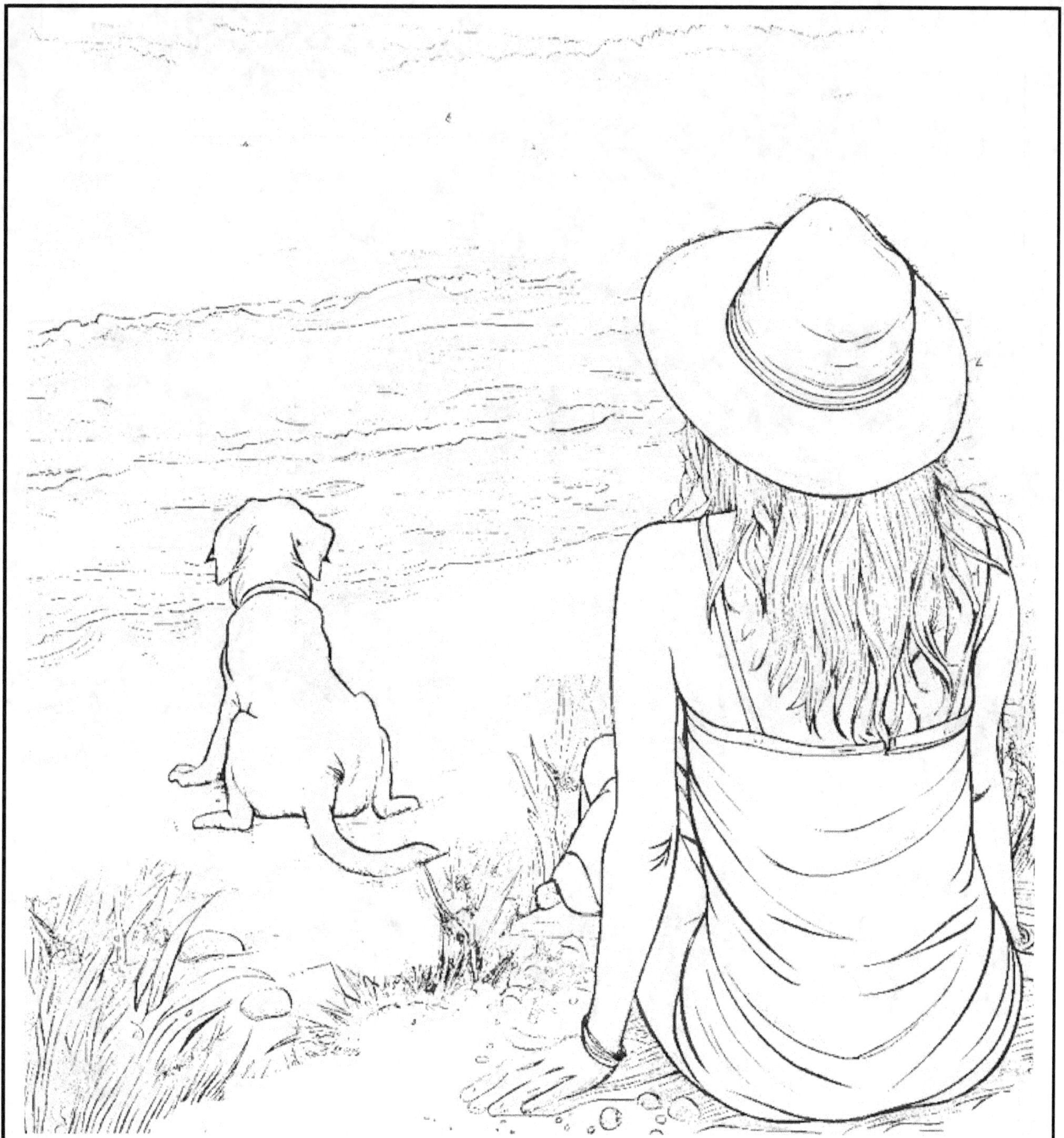

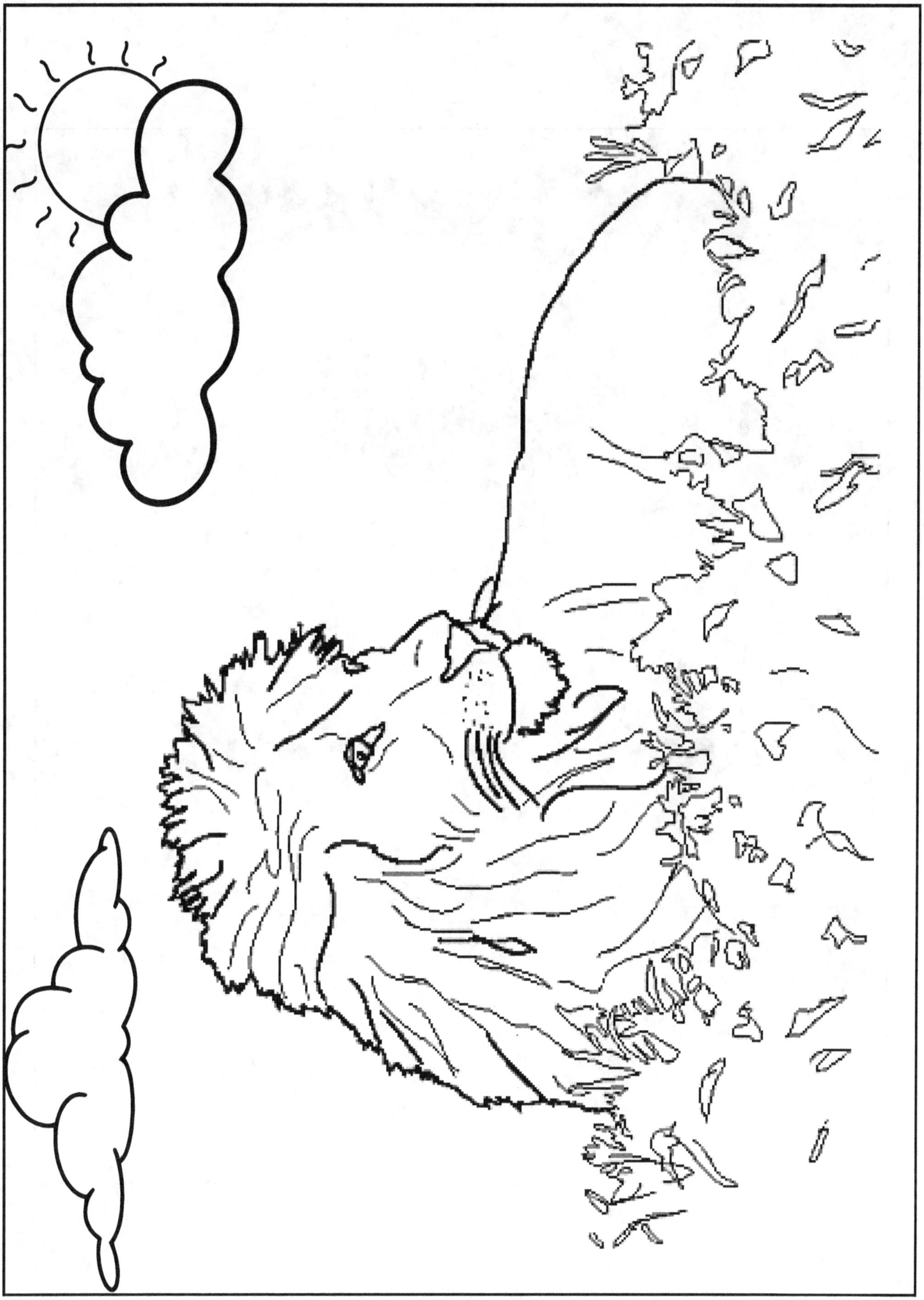

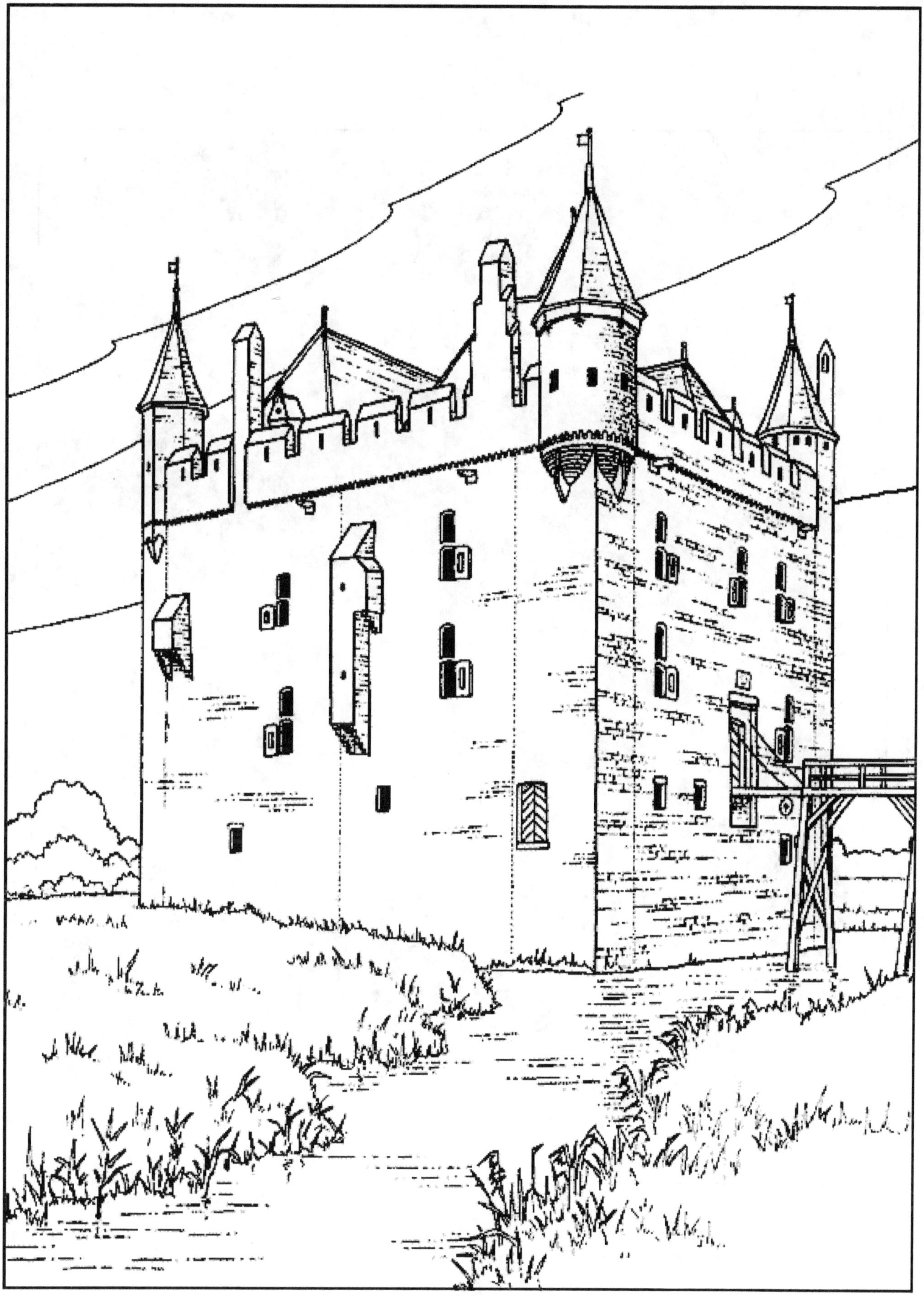

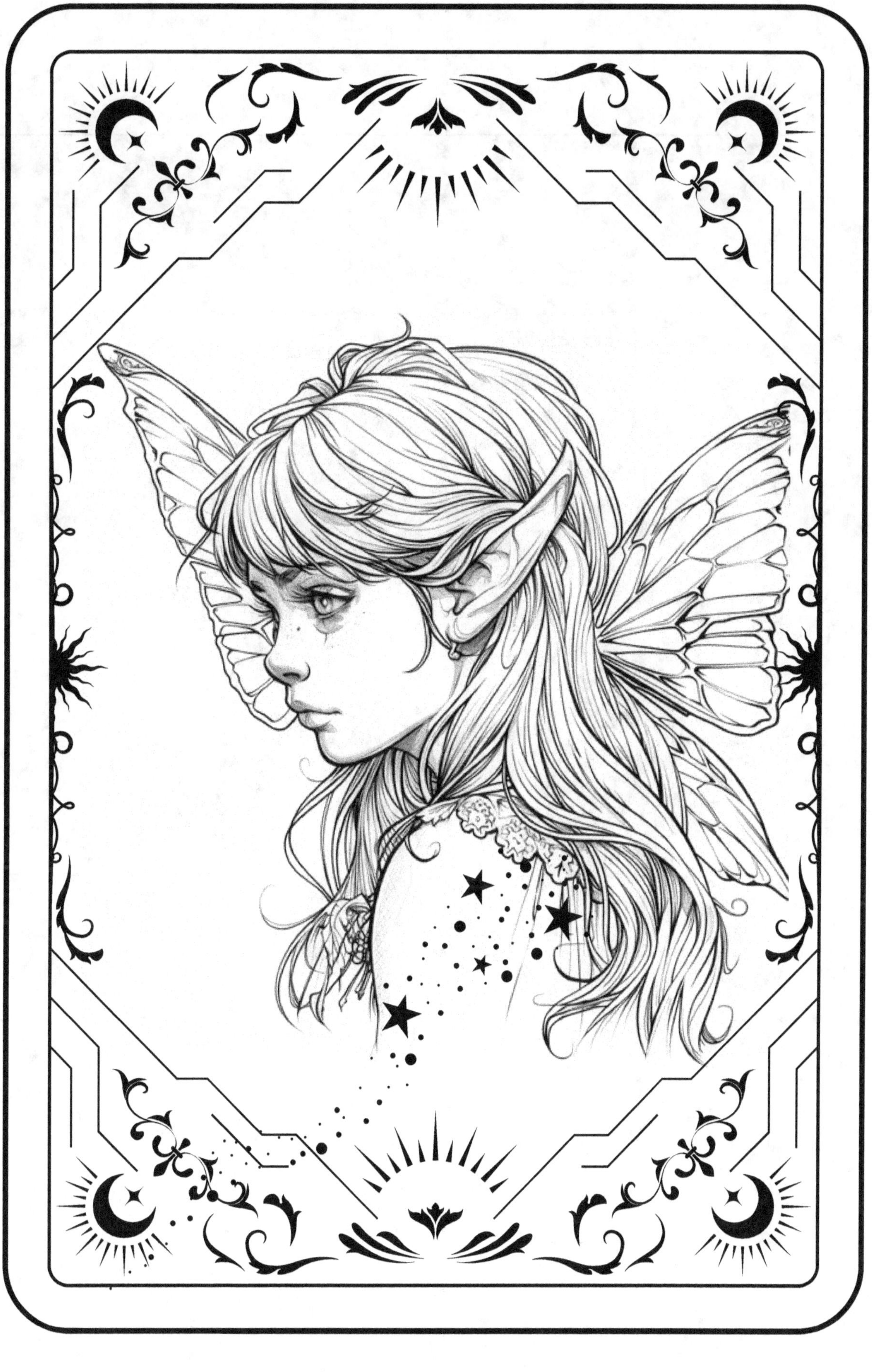

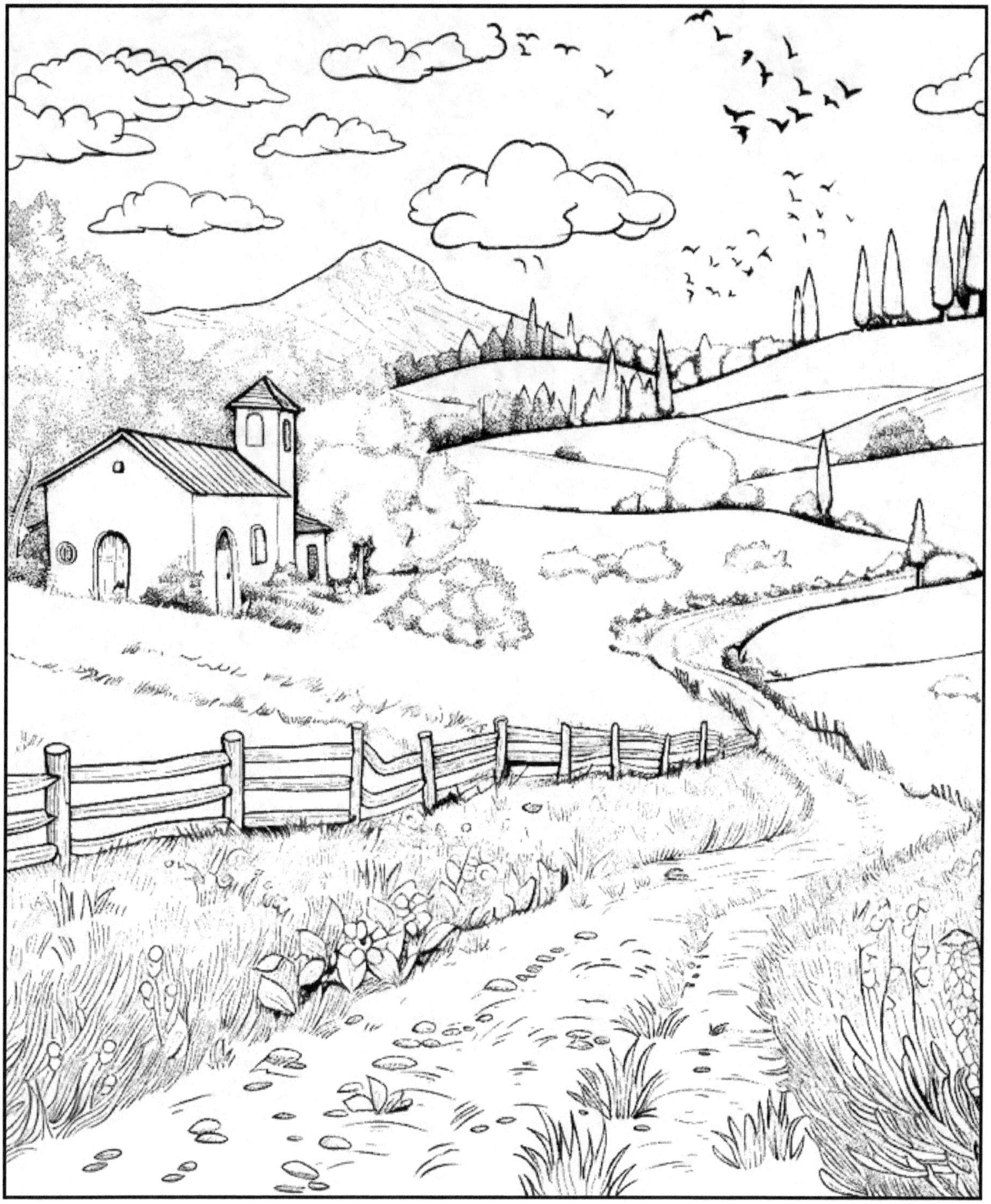

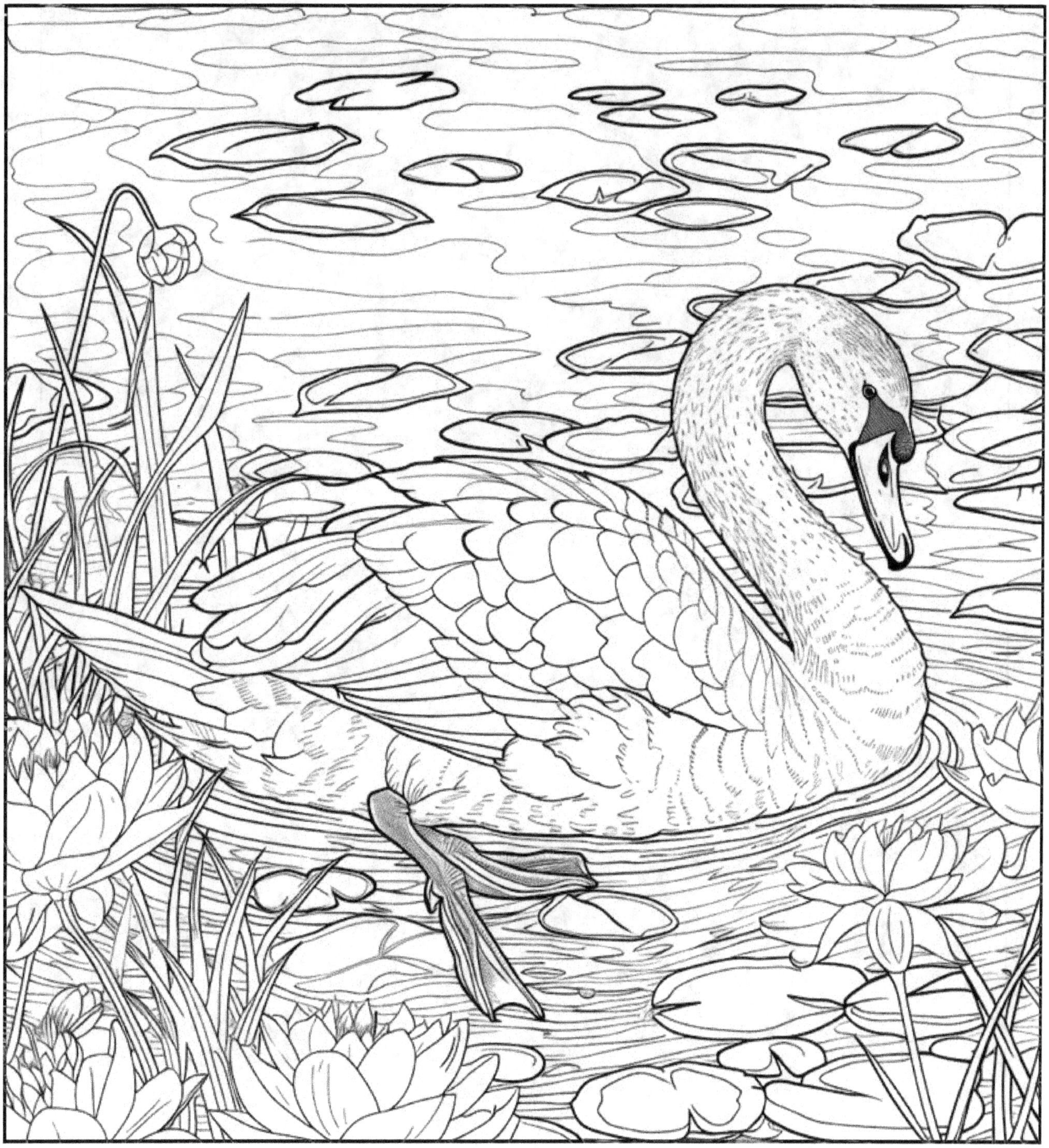

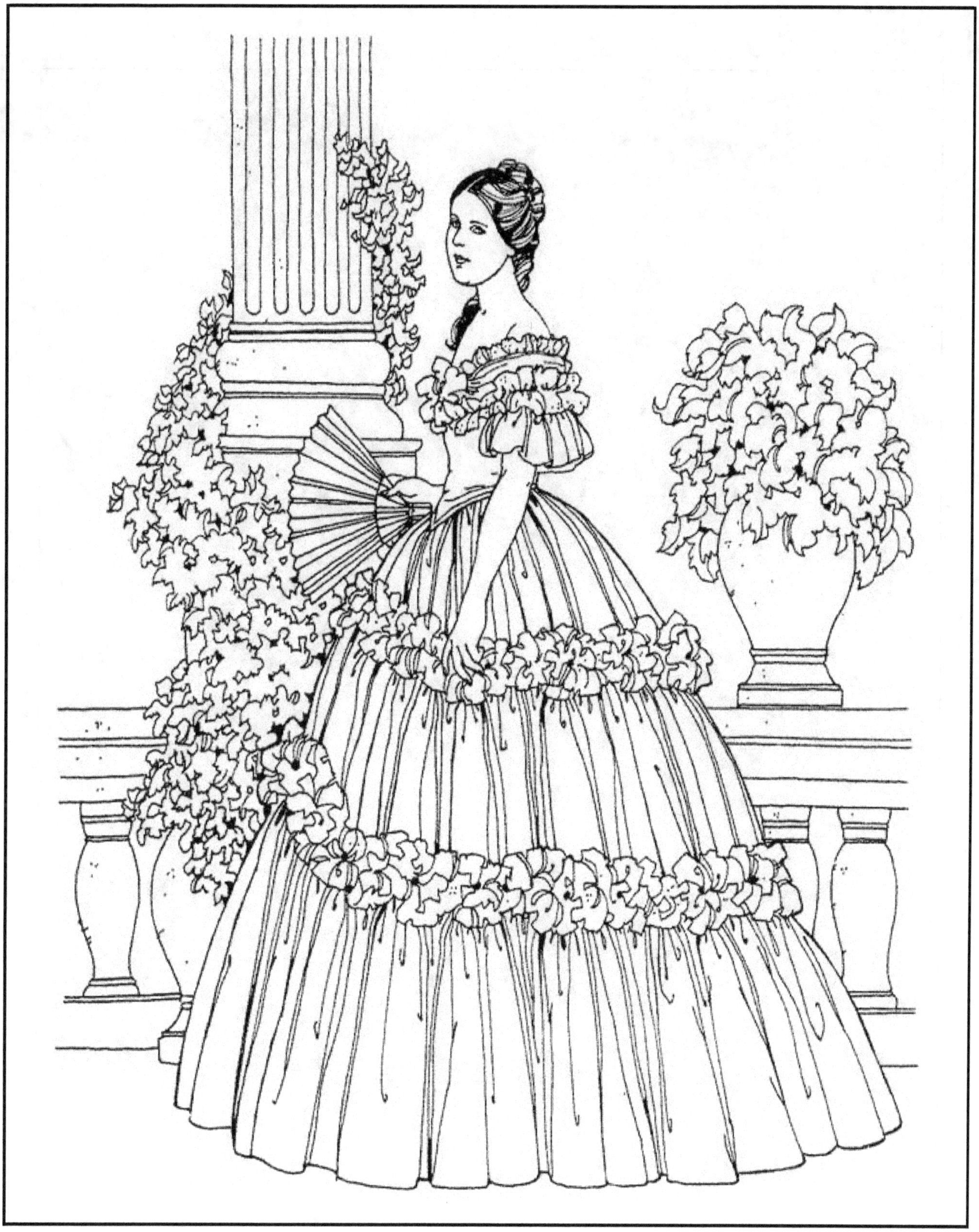

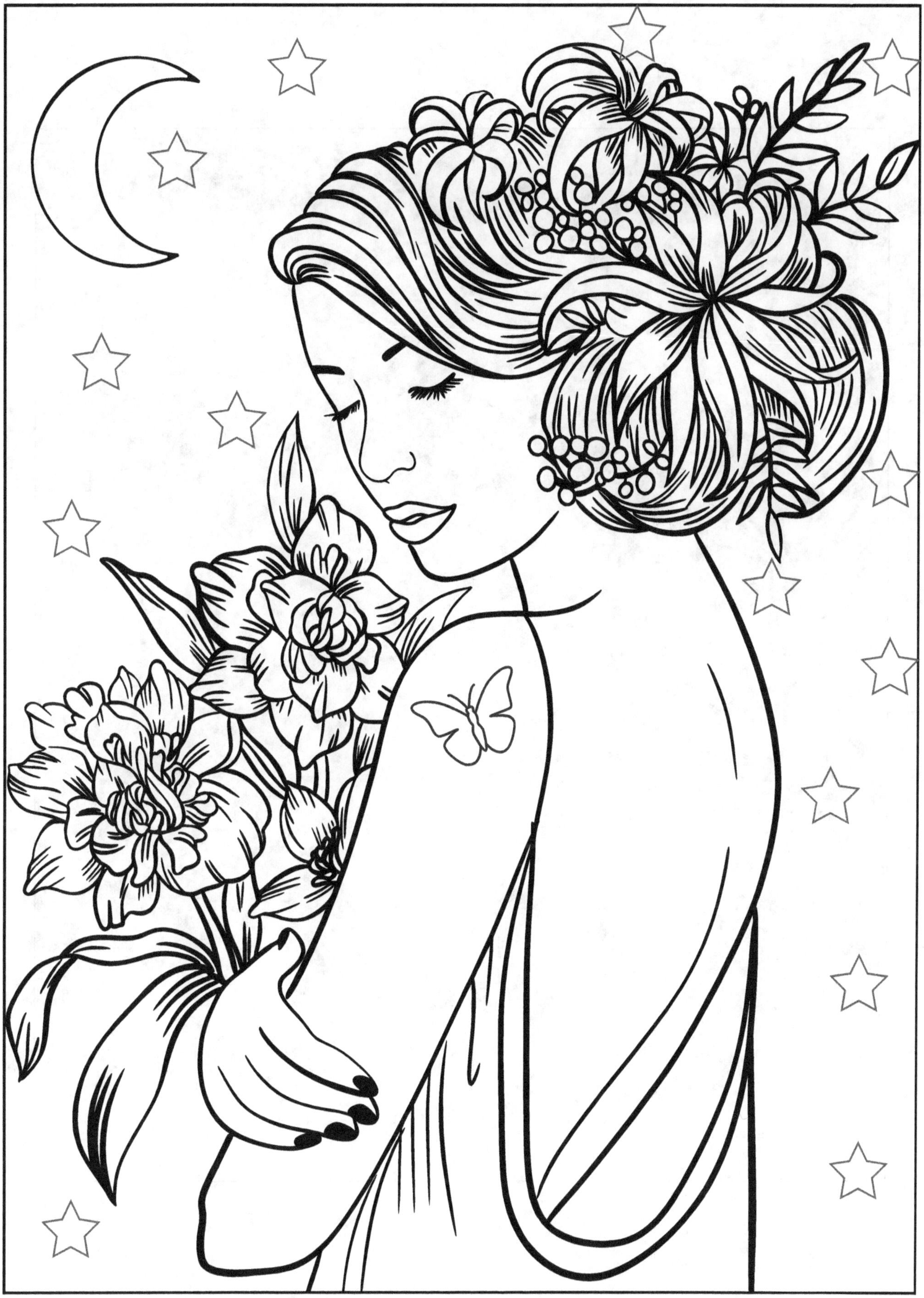

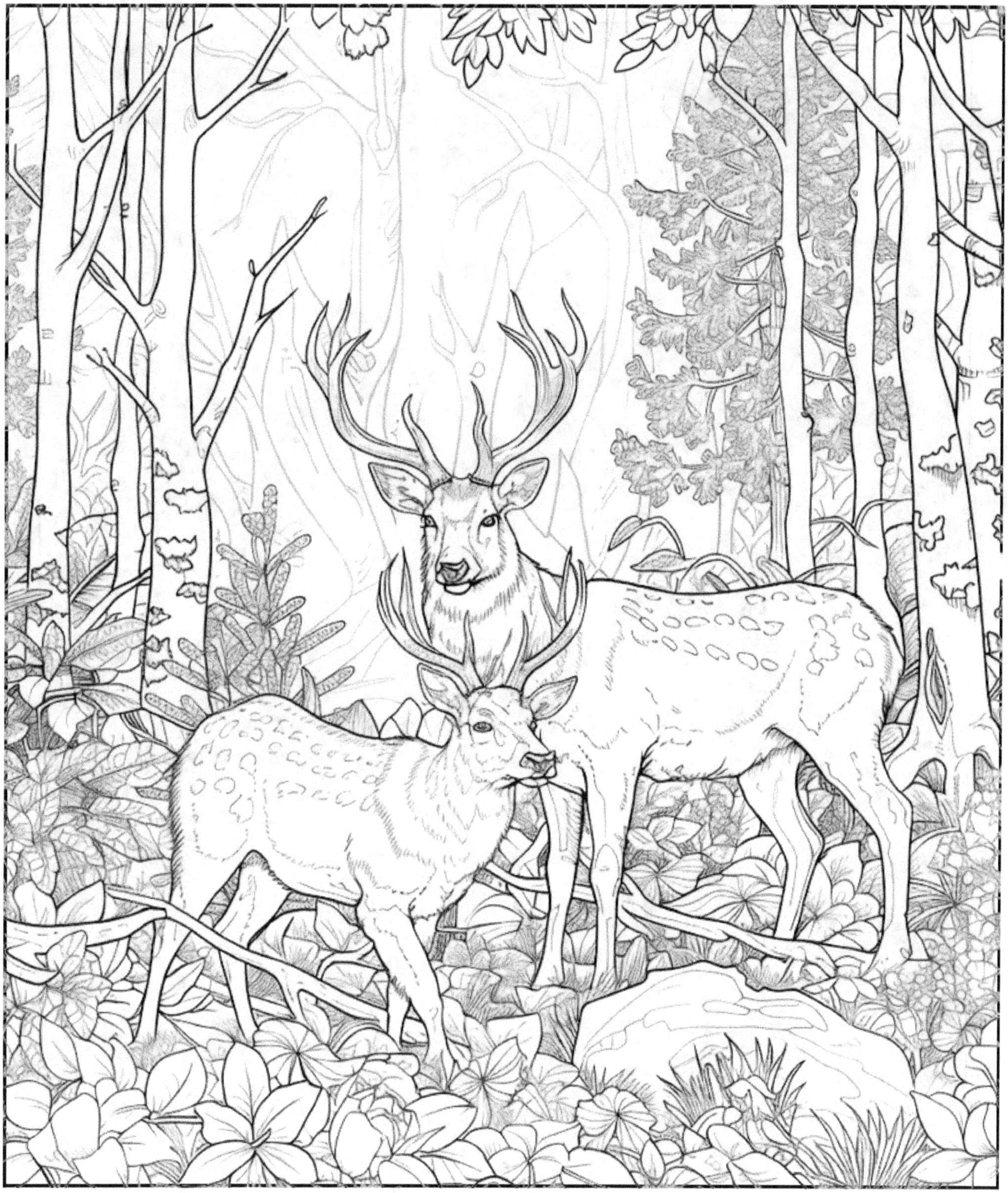

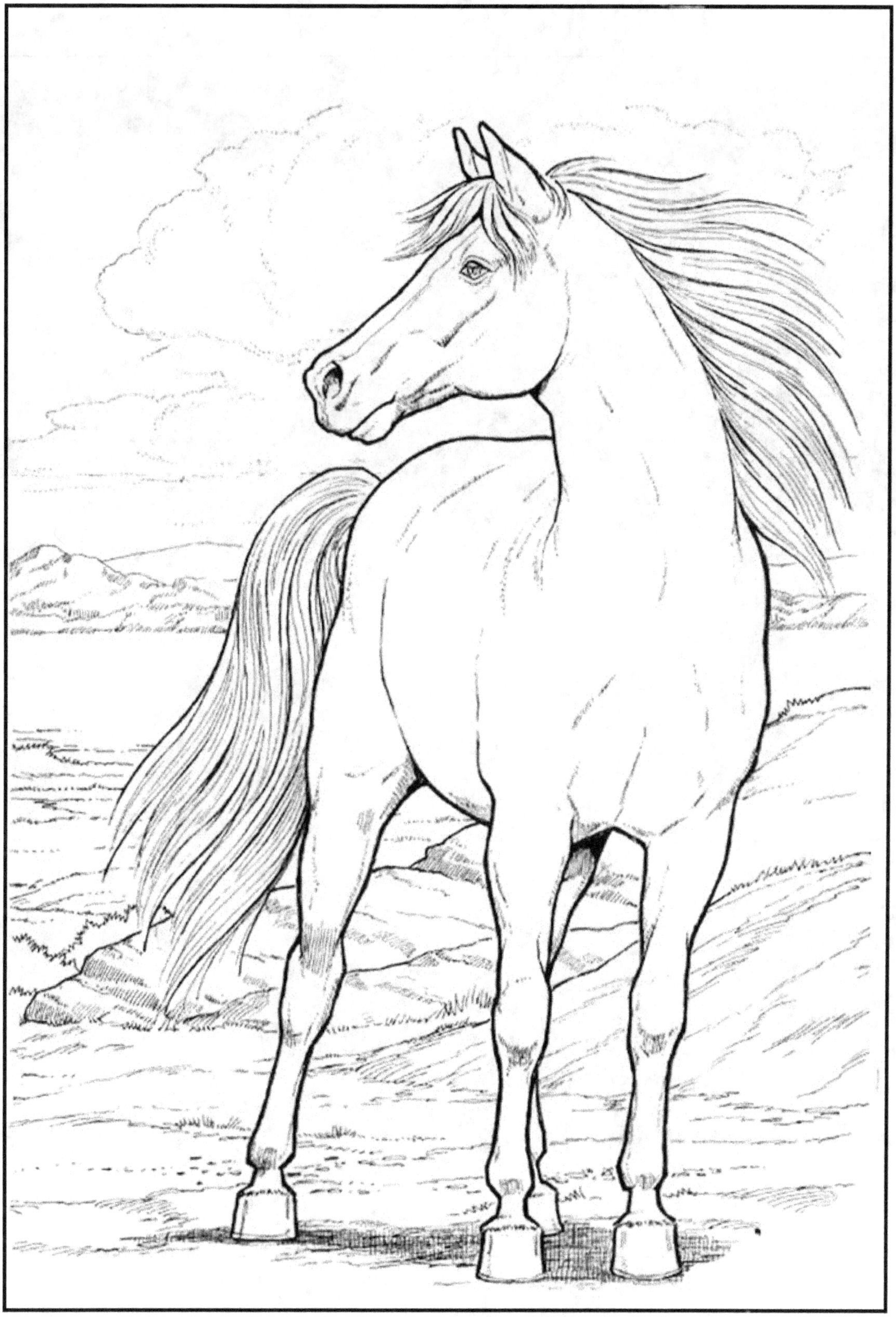

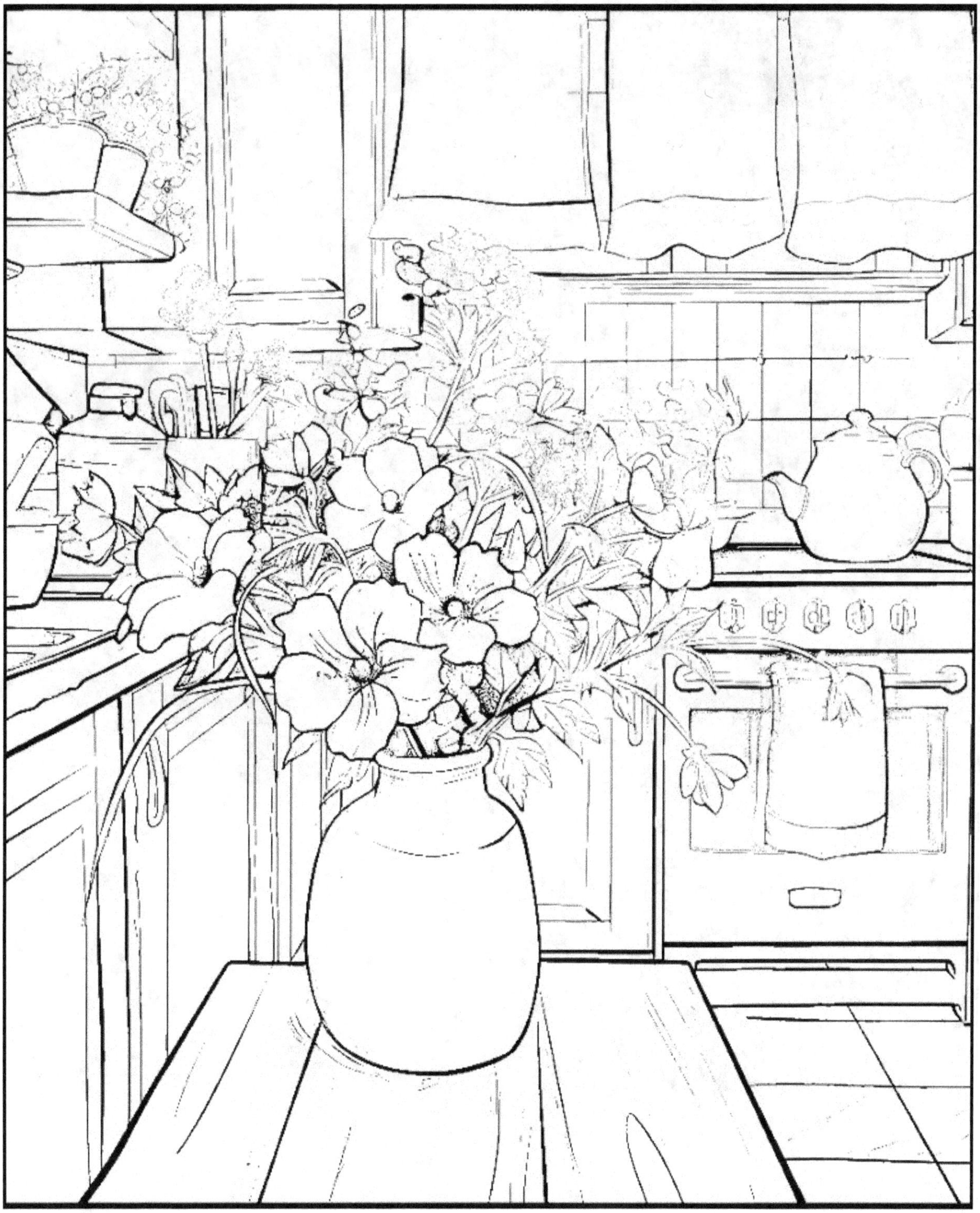

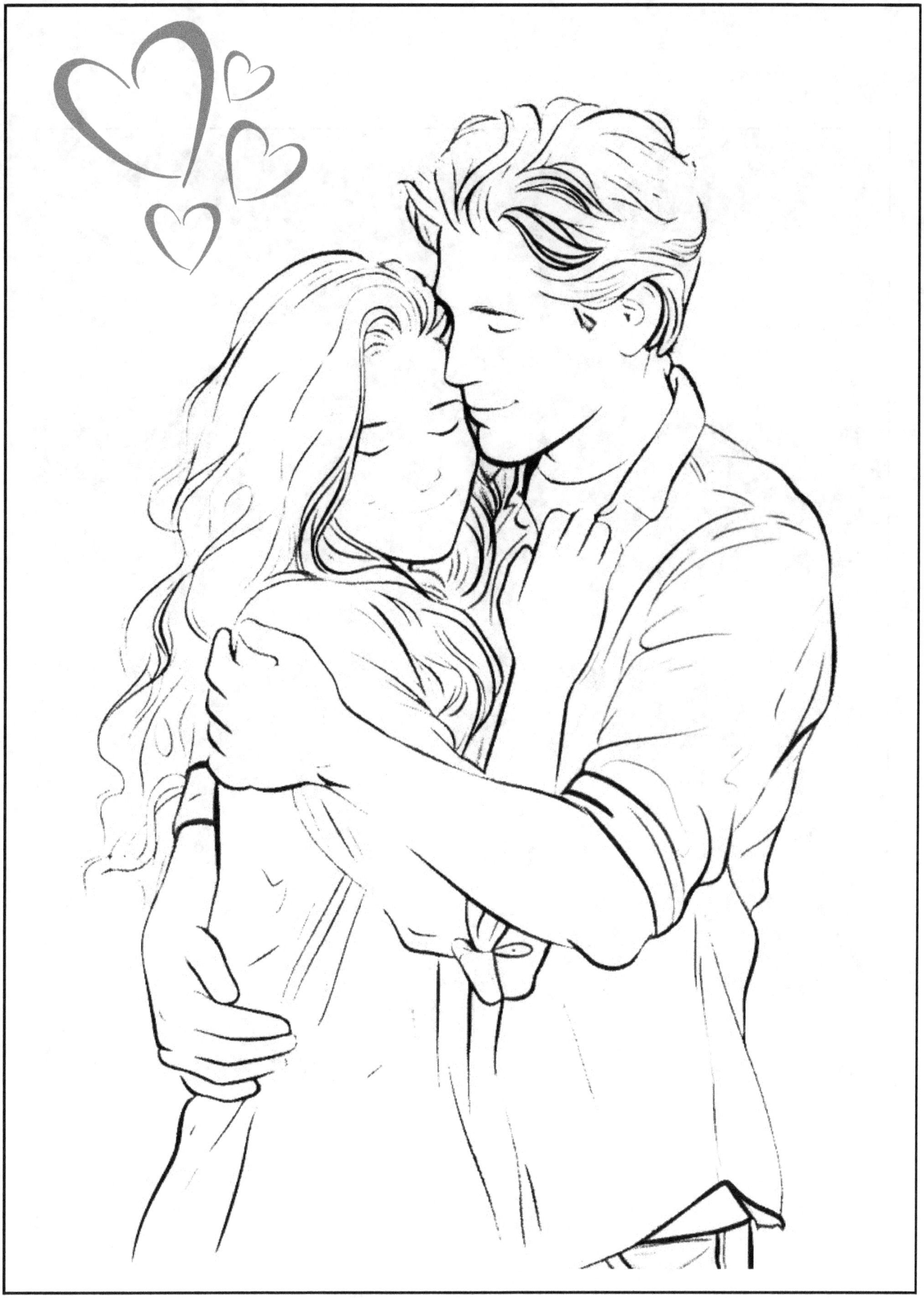

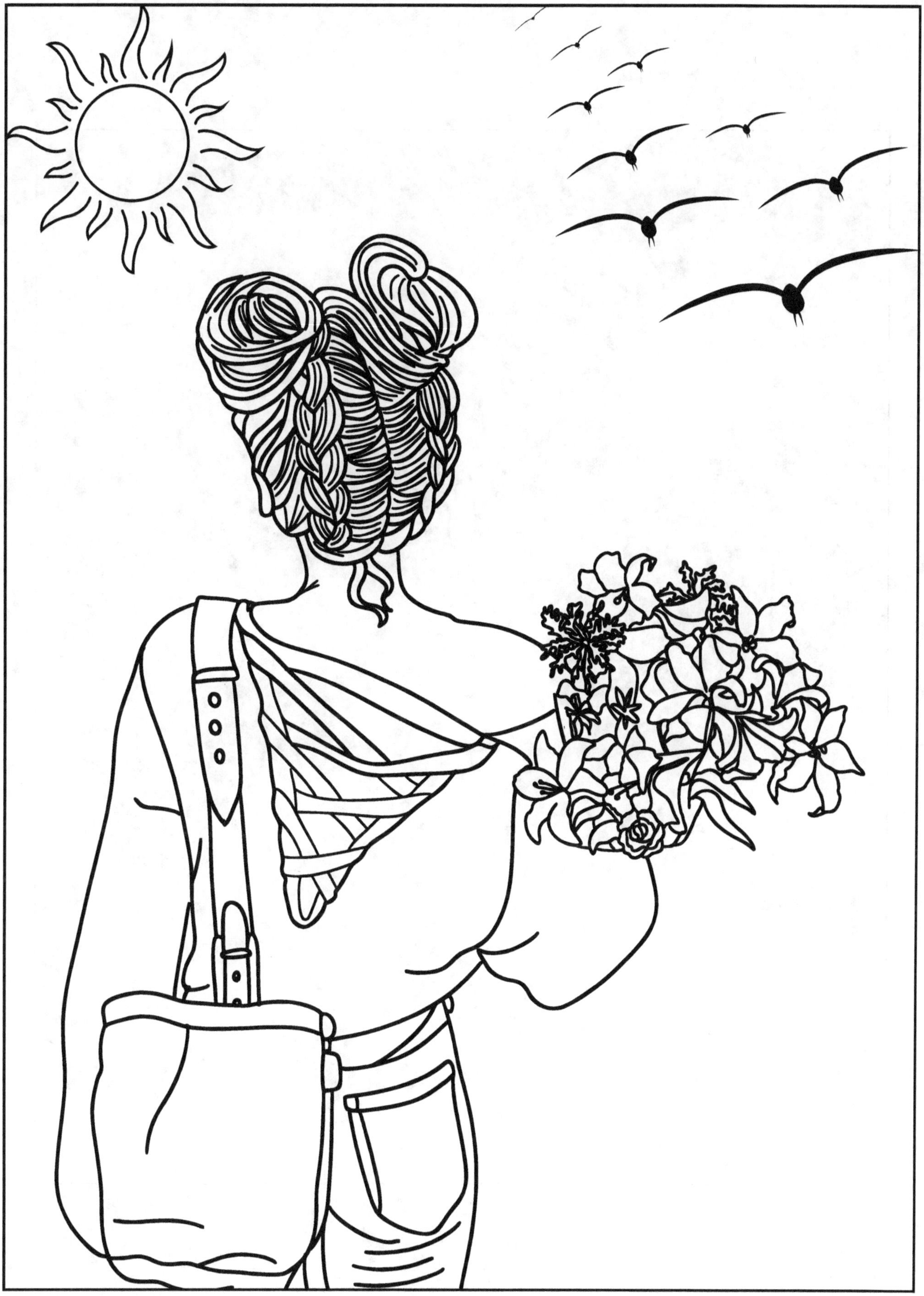

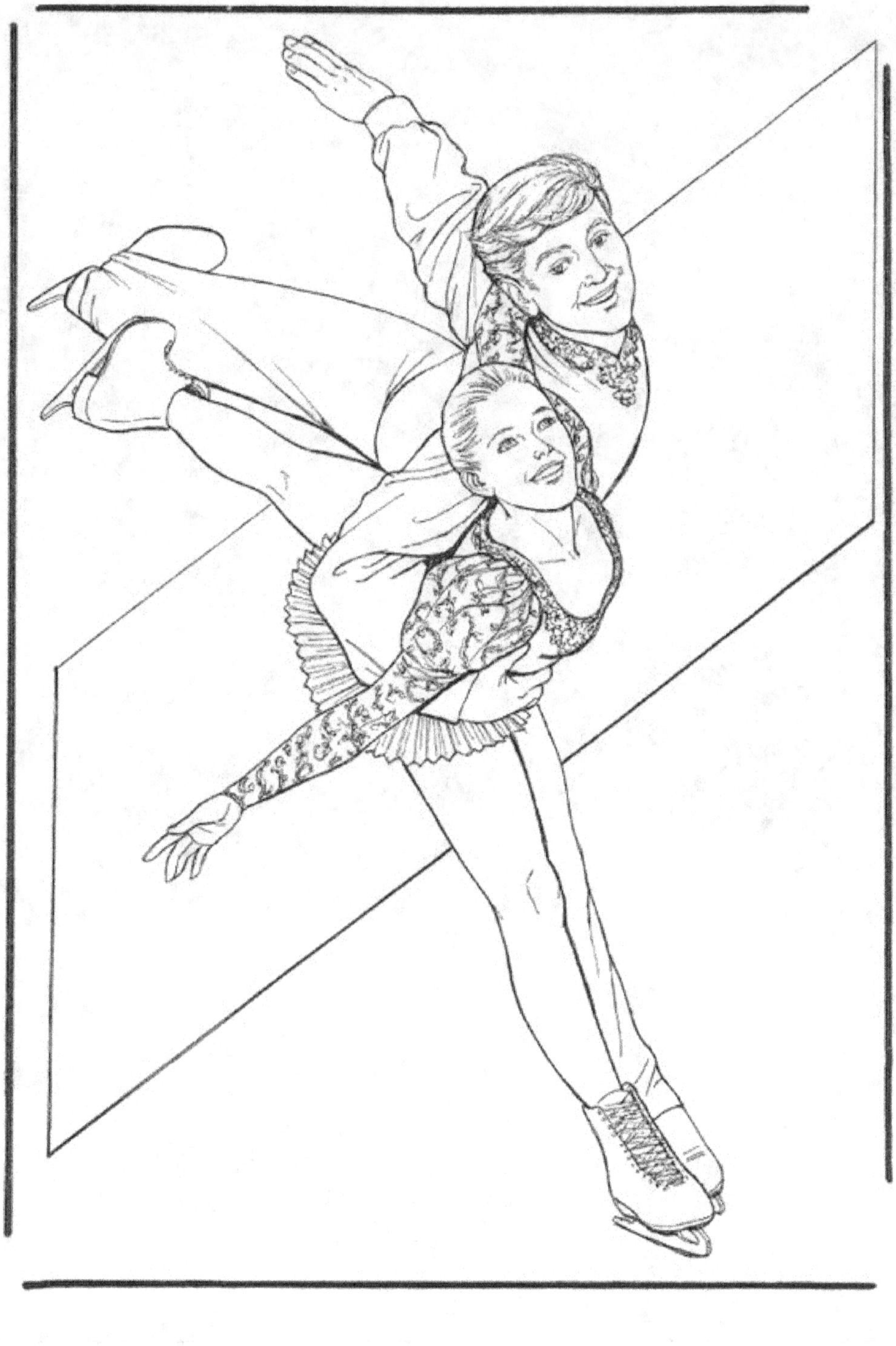

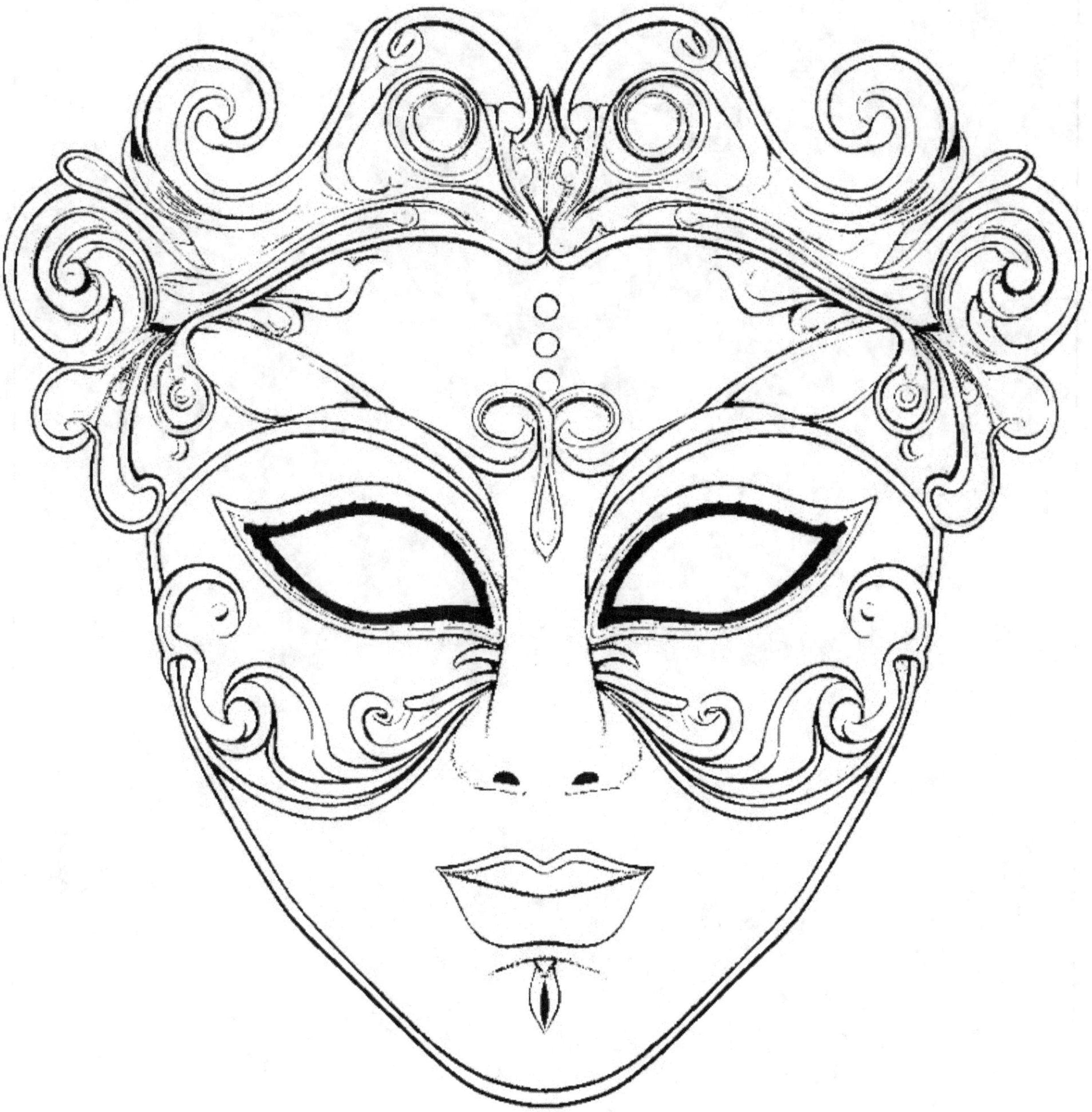

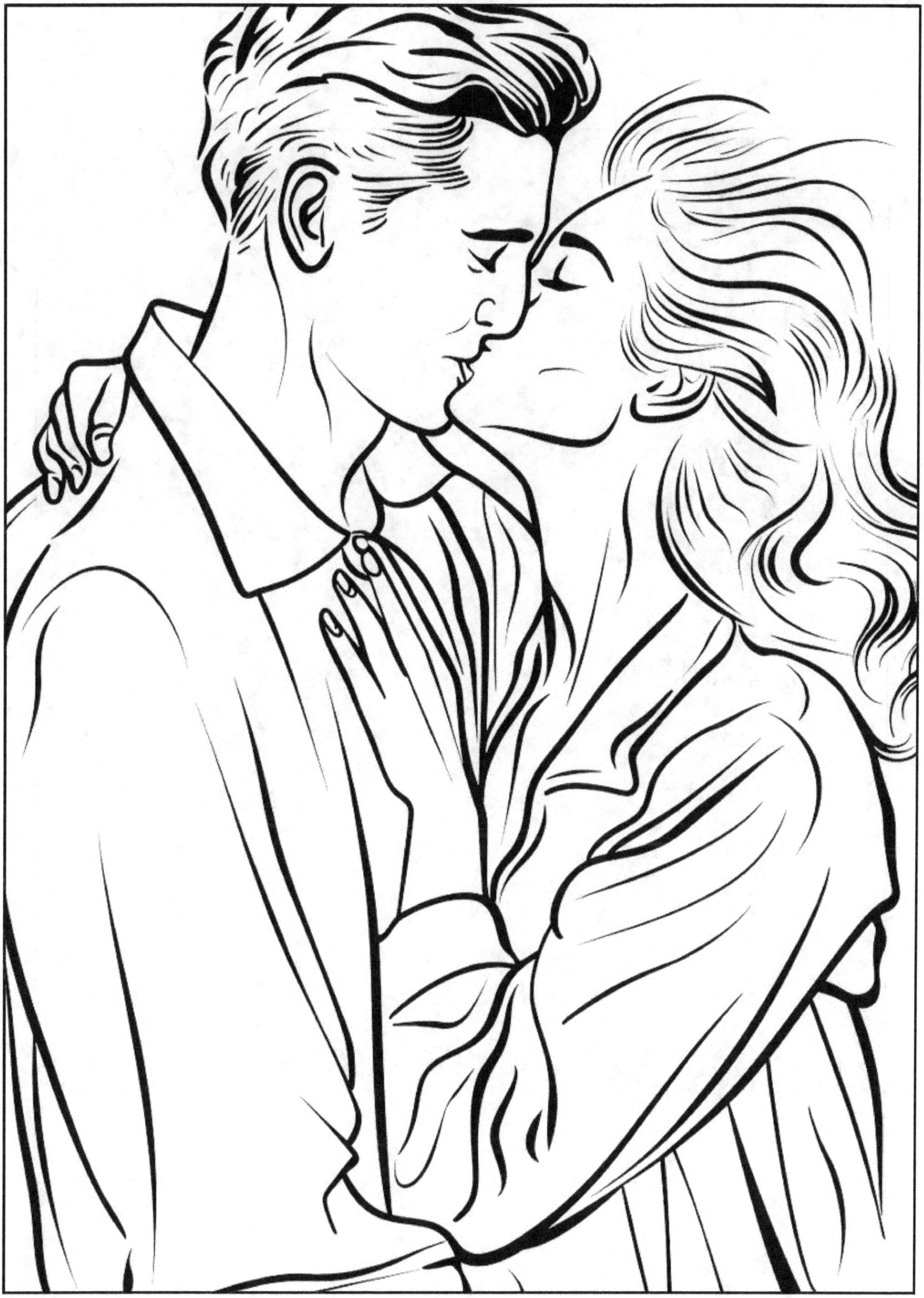

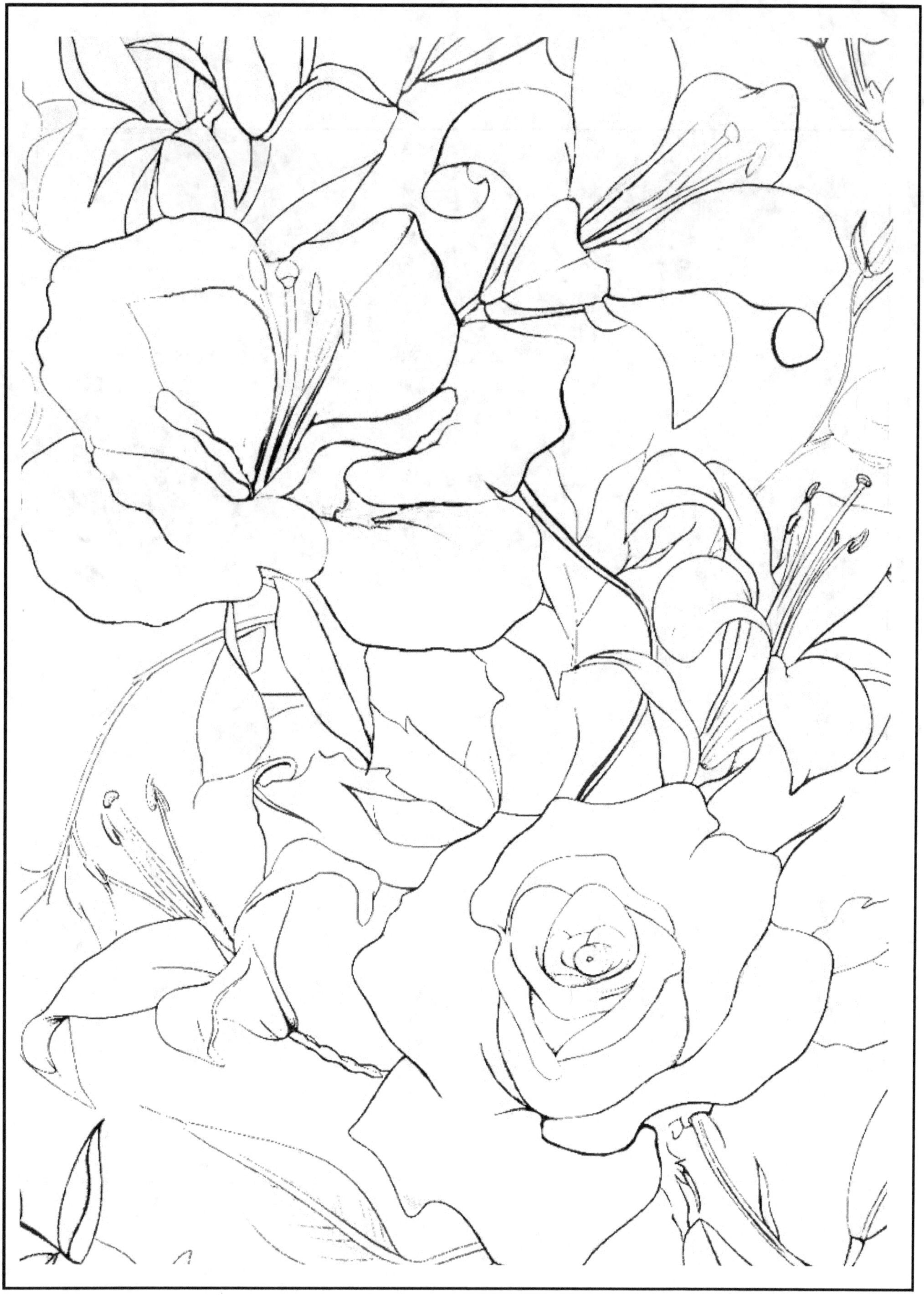

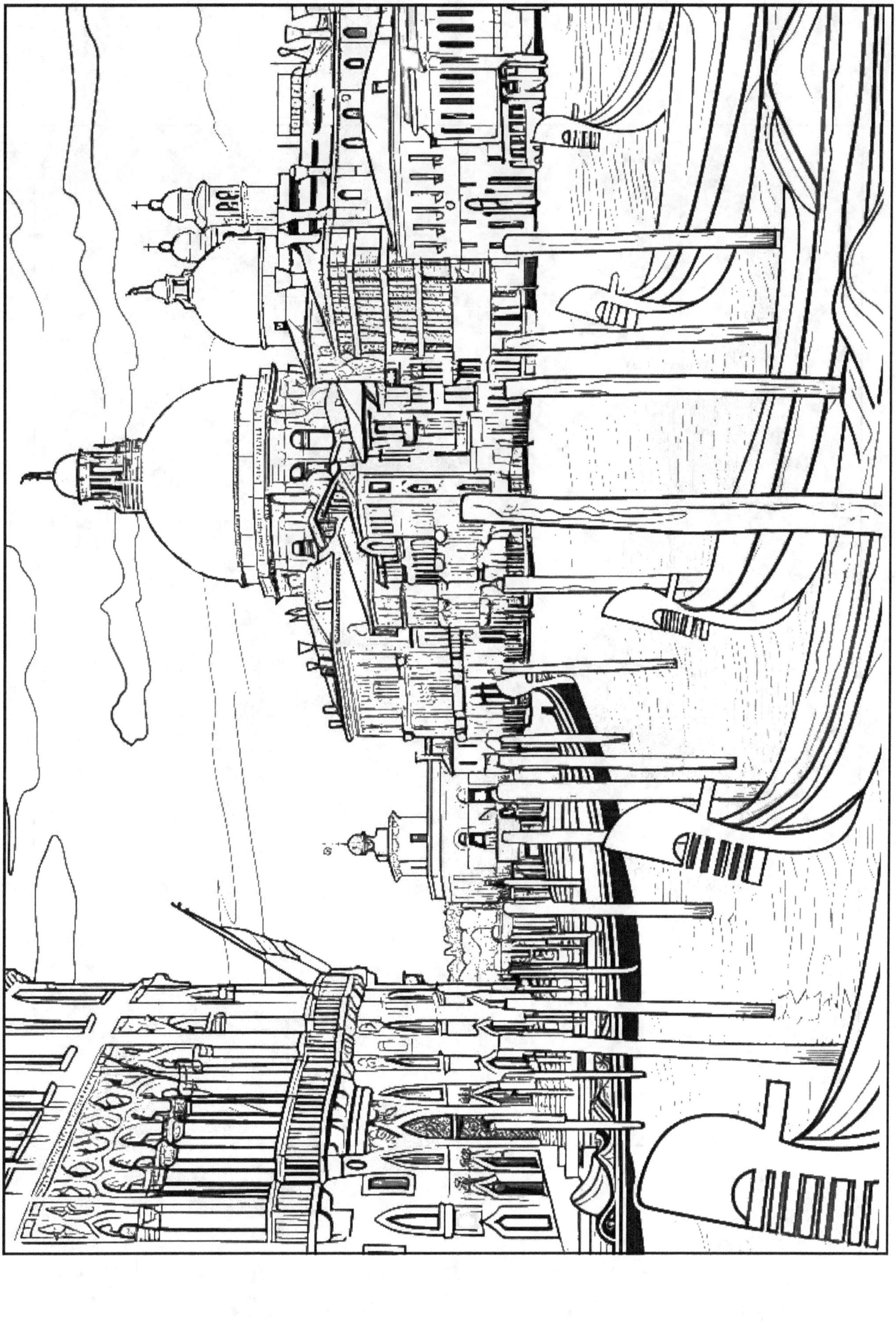

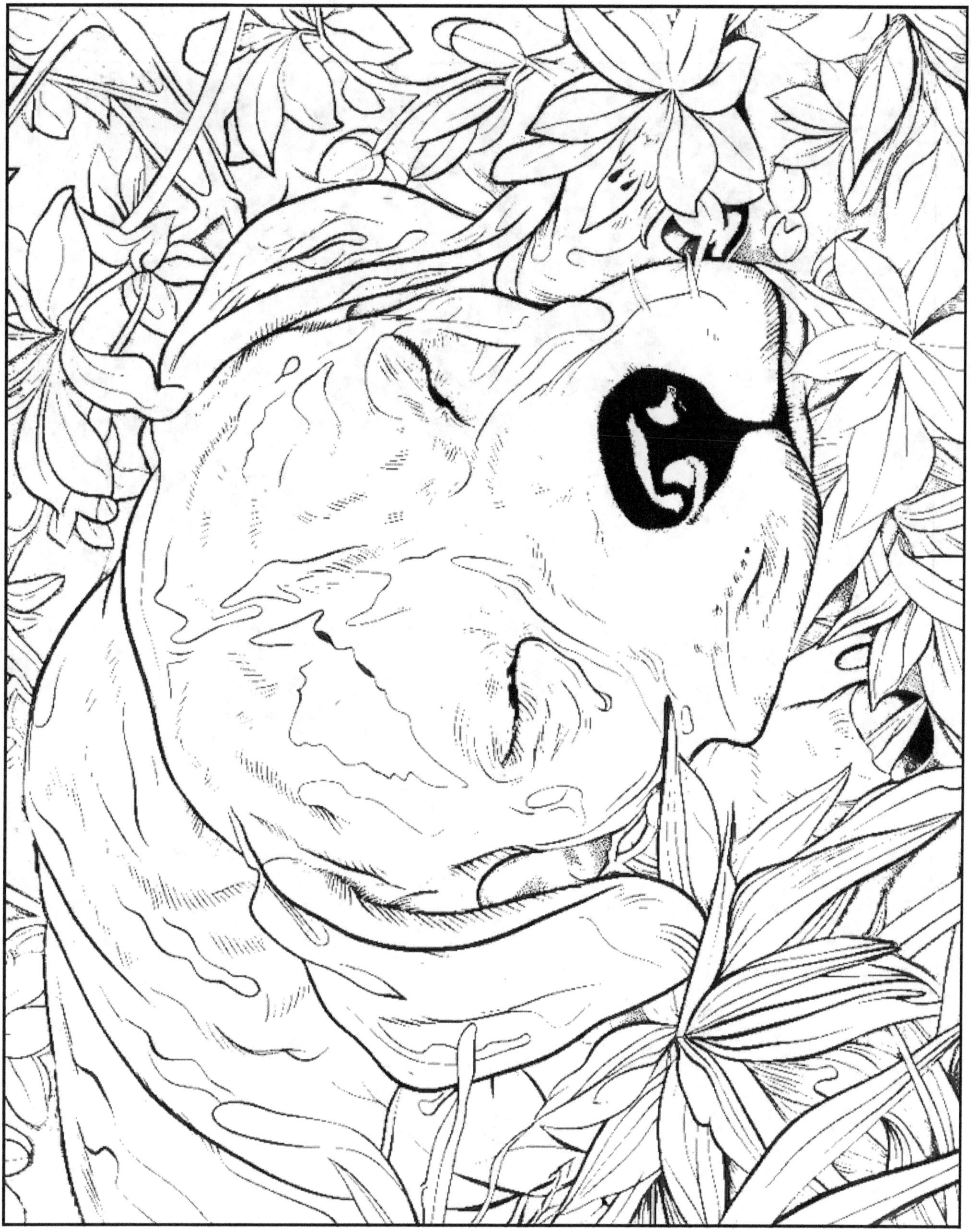

www.ingramcontent.com/pod-product-compliance
Lightning Source LLC
Chambersburg PA
CBHW082355220526
45470CB00008B/2750

* 9 7 9 8 3 2 6 1 1 1 8 4 5 *